新会員の友のために

創価学会入門

聖教新聞社

目次

3. 新会員の質問に答える

4. 創価学会を知るために

装幀　亀井伸二

一、本書は、既刊の『新会員の友のために』（①〜③）をまとめ、大幅に加筆、訂正し、収録したものである。

一、御書の引用は、『新編　日蓮大聖人御書全集』（創価学会版、第二六六刷）を（御書〇〇ページ）で示した。

1. 幸福の道をともに

新会員の友へ——池田ＳＧＩ（創価学会インタナショナル）会長の贈言

毎日、私のもとには、全国の同志の皆様から、「対話が実りました」「友人が入会しました」等々、喜びに弾む声が多く寄せられている。

誠実と友情が織りなす、決意と歓喜の物語を伺うたび、私の胸は熱くなる。

五十七歳で入信された牧口初代会長は、その心境を述懐して言われた。

「言語に絶する歓喜を以て殆ど六十年の生活法を一新するに至った」（「創価教育学体系梗概」、『牧口常三郎全集 8』所収）

信仰とは、まさに、新たな人生の出発である。

私は、新入会の皆様方に、「おめでとうございます！　共々に、最高に幸福な人生を築いていきましょう！」と、心から祝福を申し上げたい。

＊

「受くるは・やすく持つはかたし・さる間・成仏は持つにあり、此の経を持たん人は難に値うべしと心得て持つなり」（御書1136ページ）

これは、私が十九歳で信心してより、深く胸に刻んできた一節である。

今年（二〇〇二年）で入信五十五年――。この間に、私は、それこそ何十万、何百万人という方々の人生を見守ってきた。

その結論として、この御文通りに、まじめに信心を貫いた人は、必ず幸福になっていると断言しておきたい。

日蓮仏法は「一生成仏」の大法である。必ずこの世で、必ずこの一生で、絶対の幸福境涯を築いていける。

「信仰」を持ったということは、生命の心田に「仏種」をまき、勝利の「善苗」を植えたのである。あとは、それを育み、いかなる嵐にも揺るがぬ「大樹の自分自身」をつくり上げねばならない。

大事なことは、「持続」である。何があっても、信心を貫き、学会と共に、同志と共に生き抜くことだ。

御聖訓には、「仏になる道は善知識に勝るものはない」（御書1468ページ、通解）と明言されている。

この「善知識」、すなわち「善き友」にあたるものが、創価学会の組織であり、信心の先輩・同志である。

今日、偉大な庶民の賢者として活躍している先輩たちも皆、学会のなかで、「信心の基本」を教わり、「正しい人生」を知ったのである。

「聡明な、みのりゆたかな友人と共に暮せば、この人生は二倍にも十倍にもなるものだ」（『エマソン選集 3』小泉一郎訳、日本教文社）とは、アメリカの哲人エマソンの名言だ。

＊

何事も「最初が肝心」であり、「基本が大事」である。

スポーツなどでも、最初は基本動作を何度も繰り返し、徹底して体に覚え込ませることから始める。

基本をいい加減にして、一流になった選手は一人もいないだろう。

いわんや、信心は、永遠の幸福への大道である。当然、基本を正しく身につけることは絶対に不可欠である。

その信心の基本が、「信・行・学」の実践だ。

蓮祖は「行学の二道をはげみ候べし、行学たへなば仏法はあるべからず、我もいたし人をも教化候へ、行学は信心よりをこるべく候、力あらば一文一句なりともかたらせ給うべし」（御書1361ページ）と仰せである。

御聖訓には、人生にとって、果てしなく晴れやかな勝利と栄光の大道が明確に示されている。

この永遠の幸福の道は、広宣流布への「行動」以外にない。

私たちは、過去の謗法の罪と苦痛とを残らず吹き飛ばし、今こそ、幸福な青春の誓いのごとく、久遠の使命を燃やしながら、悠然たる勝利の楽園に向かって進みゆくのだ。人生の宿命の偉大なる転換を成し遂げながら、新しき不変の幸福へと生活の転機をつくりゆくのだ。

その根本的な変革がなければ、いかに安楽な休息をとっても、そこには本当の幸福はないのである。

私たちは、今日も、新しき生き生きとした道を歩(あゆ)みゆくのだ。そして新しい友を、新しい兄弟たちを呼びながら、共に力(ちから)を讃(たた)え合いながら、不滅(ふめつ)の太陽の光に包(つつ)まれながら歩むのだ。

（「随筆　新・人間革命」より抜粋、『池田大作全集132』収録）

2. 信仰と活動について

■信心の目的

「学会永遠の五指針」
1、一家和楽の信心
2、幸福をつかむ信心
3、難を乗り越える信心
4、健康長寿の信心
5、絶対勝利の信心

創価学会には、第二代会長の戸田城聖先生と第三代会長の池田大作先生（現・名誉会長、SGI会長）が示した「永遠の五指針」があります。すなわち、「一家和楽の信心」「幸福をつかむ信心」「難を乗り越える信心」「健康長寿の信心」「絶対勝利の信心」です。ここには、私たちの信心の目的が凝縮しています。世界の全会員が、一人ももれなく幸福になるために、目指すべき信心の在り方が明確にされているのです。

学会員にとって、この指針は、それぞれが人生で、家庭で、職場で、また地域社会で、困難に負けず、希望に燃えて生き抜き、勝ち抜いていくための指標となってきました。

第一は、「**一家和楽の信心**」です。

家庭こそ、私たちの生活の基盤です。仲良き家族、安穏な家庭を築いていくなかに、私たち一人一人の幸福の実現もあります。そしてまた、そうした家庭を築くことが、地域と社会、さらには世界の平和と繁栄にもつながっていきます。

日蓮大聖人は「法華経を信ずる人は・さいわいを万里の外よりあつむべし」（御書1492ページ）と仰せです。強き信心があれば、私たちは強力な磁石のように、幸いを万里の外から集めることができます。必ず和楽の家庭を築いていくことができるのです。

家族で信心をしているのは自分だけ、という人もいるでしょう。しかし、心配はいりません。地域の同志も創価家族です。大事なのは、まず自分自身が勤行・唱題の実践や学会活動に真剣に取り組み、信仰の偉大さを実感していくことです。また、家族全員の幸福を日々、祈っていくことです。

池田先生は、次のように述べています。

「家族が信心していない場合も、多々ある。しかし、心配することはない。あせることもない。一人が真剣に、厳然と信心に立ち上がれば、縁する人を皆、幸福の方向へ、希望の方向へとリードしていくことができるからだ。ちょうど、暗夜の海に一つの灯台が厳然と光を放てば、無数の船が、安全な航路を進んでいけるようなものである」

私たちは、この確信を胸に、一家和楽の実現へ進んでいきたいと思います。

第二は、「幸福をつかむ信心」です。

大聖人は、法華経を引かれて言われています。

「此の経を持つ人は百人は百人ながら・千人は千人ながら・一人もかけず仏に成る」（御書１５８０ページ）

信心を持つならば、必ず幸福をつかむことができる——これが大聖人の仏法です。

また、こうも仰せです。

「法華経を信ずる人は冬のごとし冬は必ず春となる」（御書１２５３ページ）

真面目に信心に励んでいけば、途中にどんな苦労や困難があろうと、最後は必ず幸福な境涯を築くことができるとのお約束です。

幸福は、誰かから与えられるものではありません。どこまでも、自分の力で「つかみ取っていく」ものです。その原動力が私たちの信心です。そのために、私たちは学会活動を通して、自分の心を鍛え、強い自分自身を築いていくのです。

第三は「難を乗り越える信心」です。

創価学会の信心は、一人一人が自身の生命の変革を通して、勝利の人生を切り開いていくためのものです。宿命を使命へと転換し、さまざまな悩みを乗り越えていくことができる、力ある信仰です。

しかし、船が勢いよく前進すれば大きな波が立つように、私たちが人間として成長し、それまでの壁を破って進もうとするならば、抵抗も起こります。それが、仏道修行を妨害しようとする「魔」の働きであり、仕事や家庭の問題、病気など、さまざまな形を取って現れてくる場合があります。また、信心をやめさせようと家族や友人が反対するといったこともあるでしょう。

しかし、御書に「此の法門を申すには必ず魔出来すべし魔競はずは正法と知るべからず」（１０８７ページ）とあるように、こうした難に遭うこと自体が、仏法を正しく実践していることの証明なのです。大事なのは、難が現れた時に、驚いて信心を疑ったり、学会から離れてしまったりしないことです。

大聖人は、「三障四魔と申す障いできたれば賢者はよろこび愚者は退く」（御書1091ページ）とも言われています。さまざまな苦難に遭遇した時こそ、自身が成長できるチャンスであり、今こそ宿命転換の時であると決意を深め、さらに勇んで信心の実践に励んでいくことが重要です。多くの同志と励まし合い、共に進んでいく中で必ず全ての苦難を乗り越え、想像もしなかったような幸福の大境涯が開かれていくことは間違いありません。

第四は、「**健康長寿の信心**」です。

健康こそ幸福の土台です。

大聖人は、唱題の力について、「南無妙法蓮華経は師子吼の如し・いかなる病さはりをなすべきや」（御書1124ページ）と言われています。

いかなる病魔にも負けない、仏の大生命力をわが身に涌現させていく――それが仏法の偉大な力用であり、その源泉こそ、御本尊への唱題です。

かつて戸田先生は語りました。

「強盛に信心するならば、経文において明らかなごとく、新しく強き生命力を得て、事業に、健康に、生き生きとした生活が始まってくる」「それは地から涌出するところの水のようなものであって、絶ゆることがない」

この言葉通り、多くの学会員が信心根本に病を乗り越え、宿命転換の実証を示してきました。その偉大な体験は「聖教新聞」や「大白蓮華」など、学会の機関紙・誌にも数多く掲載されています。

大聖人はまた、病気と闘う門下を励まされて、次のように仰せです。

「一日の命は、宇宙の全財宝を集めた以上の宝である」（御書９８６ページ、通解）

「（あなたは）法華経にめぐりあわれたのですから、一日でも生きておられれば、その

分、功徳が積もるのです。何と大切な惜しい命でしょうか。惜しい命でしょうか」（御書986㌻、通解）

命にまさる「宝」はありません。そして、信心を持った私たちは、かけがえのない一日一日を生きることで、三世にわたって崩れない福徳を生命に築いていくことができます。

年齢を重ねるごとに、色心ともに若々しく、福々しくなっていくのが妙法の力です。信心根本に、聡明な生活を送りながら、一人一人が健康・長寿の人生を勝ち取っていきましょう。

第五は「**絶対勝利の信心**」です。

御書には「夫れ仏法と申すは勝負をさきとし」（1165㌻）と仰せです。

仏典では、「仏」のことを、「一切に打ち勝った人」「目的を達成した人」「ヒマラヤが他の山に打ち勝って、輝くような人」等と表現しています。仏は「絶対勝利の人」の異名ということができます。

人生は戦いの連続です。仕事や学業など日々の生活においても、目前の課題に勝ち、自身の弱さに打ち勝っていかなければ、幸福な人生を築いていくことはできません。また、広宣流布を前進させていくこともできません。

日蓮大聖人は「仏法というのは道理をもととするのである。道理というものは、主君という権力者にも必ず勝つのである」（御書1169ページ、通解）とも仰せです。

正しい信心を持った私たちは、必ず勝利の人生を開いていくことができます。そのためにも、大切なのは学会の組織から離れないことです。学会の同志とともに、励まし合いながら進んでいくことです。

私たちは、この「学会永遠の五指針」を胸に刻み、共に幸福・勝利の人生を歩んでいこうではありませんか。

■日々の取り組み

三つの基本　信行学

日蓮大聖人の仏法では、基本の修行として「信」「行」「学」の三つが説かれています。御書には、「行学の二道に励んでいきなさい。行学が絶えてしまえば、仏法はない。自分も行い、人をも教え導いていきなさい。行学は信心から起こる。力があるなら一文一句であっても人に語っていきなさい」（1361ジベー、通解）とあります。

「行」「学」の実践がなければ、仏法もないのであり、その実践の根本は「信」だと教えられているのです。

ここで述べられている「信」とは、御本尊を信じ抜く心です。

また「行」とは、仏道修行の実践です。そして「学」とは、大聖人の「御書」を学び、生命に刻んでいくことです。池田SGI会長の指導や講義など、「聖教新聞」や「大白蓮華」に掲載される学会指導を学んでいくことも、「学」に含まれるでしょう。

「行」には、「自行」と「化他」の二つの面があります。「自行」とは、自分が法の利益を受けるための修行のことであり、具体的には日々の勤行・唱題の実践です。「化他」とは、他の人に仏法の利益を与えていく化導のことで、折伏・弘教の実践のことです。会合への出席や、さまざまな形の学会活動に参加することも、この「行」の実践ということができます。

題目と御本尊

私たちが唱える題目である「南無妙法蓮華経」とは何でしょうか。端的に言えば、それは日蓮大聖人が覚知された、万人の苦悩を根本から解決する法です。

この南無妙法蓮華経は、宇宙と生命を貫く「根源の法」です。釈尊は、人びとの苦悩を自身の苦悩とし、その解決法を探究しました。その結果、宇宙と生命を貫く永遠にして普遍である根源の法を、自身の生命の内に覚知し、仏（仏陀）と呼ばれました。

大聖人は、苦悩を根本から解決し幸福を開く、仏が覚知したこの根源の法こそ、南無妙法蓮華経であると明かされたのです。

この根源の法である南無妙法蓮華経は、「成仏の根本法」です。そして、この南無妙法蓮華経は、すべての人に具わる「普遍の法」でもあるのです。

「本尊」とは、「根本として尊敬するもの」を意味し、信仰の根本対象のことをいいます。

創価学会では、大聖人があらわされた南無妙法蓮華経の文字曼荼羅を御本尊としています。

❖勤行について

勤行は「信心即生活」の根幹、幸福の源泉
――大切なのは「信ずる心」と「持続」

「勤行」とは、朝晩、御本尊に向かい、法華経の方便品と寿量品を読み、「南無妙法蓮華経」と題目を唱えることです。この「勤行」こそ、日々の生活のリズムの根幹であり、幸福への源泉です。

御本尊は、宇宙の根源の妙法である南無妙法蓮華経を体得された御本仏・日蓮大聖人の御生命を文字にあらわしたものです。その御本尊を信じ、読経し、題目を唱えていくとき、御本尊に共鳴して、南無妙法蓮華経が私たちの生命に体現し、本来、私たちに内在し

ている仏界という最高の生命が湧き現れてくるのです。

例えて言えば、私たちは音楽を聴いたり、絵画を見たりすることによって、それらに共鳴して、自身の心に豊かな感動の世界が広がっていきます。これは、外界の音楽や絵画に縁することによって自身の内なる感動の心が出てきたのです。

同じように、勤行は御本尊と深く縁していくことによって、幸福の源泉である自身の胸中の仏の心と働きを現し出していく修行なのです。

また勤行は「正行」「助行」から成り立っています。御書に「正行には唯南無妙法蓮華経なり」（1367ページ）と仰せの通り、御本尊に題目を唱えること（唱題）が「正行」で、方便品と寿量品の読誦は「助行」です。助行とは、正行を助ける行という意味です。

この正行と助行の関係について例えて言えば、米やソバ（＝正行）を食べる時に、塩や酢（＝助行）が調味料として使われ、米や麺の食味を助けるように、方便品と寿量品を読むのは、正行である唱題の功徳を、より一層大きくしていく意味があるのです。

次に法華経には28の品（＝章）がありますが、その中から、なぜ方便品と寿量品を読むのかについてです。日蓮大聖人が「寿量品・方便品をよみ候へば自然に余品はよみ候はねども備はり候なり」（御書1202ページ）と仰せのように、法華経の「方便品第2」と「如来寿量品第16」の二つの品こそ、法華経の中でも、もっとも大事な法理が説かれていて、そのほかの品の意義も備わっているからなのです。

中でも自我偈は、寿量品の要約であり、法華経28品の魂であり、仏法の真髄です。大聖人は自我偈に説かれている永遠の仏の生命を御自身の生命に覚り、南無妙法蓮華経としてあらわされました。

その意味で、自我偈こそ南無妙法蓮華経をもっとも深く説明し、大いに讃嘆している経文なのです。

このような自我偈には、題目の功徳を助け現す利益があるので、大聖人も、諸天への供養や諫暁、故人への回向などをされる時は、「自我偈少少」（御書915ページ）等と言われて自我偈を読誦し、唱題されることが多くありました。

したがって、「方便品・自我偈の読誦と唱題」には、大聖人の仏法における勤行の本義と目的が欠けるところなく具わっているのです。

また、題目や経文の意味が分からなくても、勤行の功徳は変わりません。

例えば、外国語の意味が分からなくても、正しく発音すれば、外国語を理解している人には通じます。それと同じように「南無妙法蓮華経」の題目や、勤行で読誦している経文は、仏の世界に通じる〝言葉〟であると考えればよいでしょう。大切なのは御本尊を信じる心であり、讃嘆する心なのです。

仏法は道理、祈りは必ず叶う！

どうして祈りが叶うのかについて考えてみましょう。

日蓮大聖人は、私たちの祈りが必ず叶うことを次のように仰せです。

「たとえ大地をさして外れることがあっても、虚空をつないで結びつける人があっても、また、潮の満ち干がなくなったとしても、太陽が西から昇ることがあったとしても、法華経の行者（妙法を実践する人）の祈りが叶わないことは、絶対にないのです」（御書1351ﾍﾟｰｼﾞ、趣意）

大地をさして、はずれるということはありません。また大空をつなぎ止めておくことなどできません。潮の干満は必ずあり、太陽も必ず東から昇ります。こうした真理や宇宙の法則以上の確かさで、私たちの祈りは叶う、と仰せなのです。

そこで大切なのは、「法華経の行者」として仏法を実践しているかどうかであり、祈る側の私たちの信心です。

戸田先生は、信心の功徳について分かりやすく、次のように教えています。

「釣鐘を、楊枝でたたくのと、箸でたたくのと、撞木（釣鐘を鳴らす棒）でつくのとでは、音が違うだろう。同じ釣鐘だが、強く打てば強く響き、弱く打てば弱く響く。御本尊も同じだ。こちらの信力・行力の強弱によって、功徳に違いがあるのだよ」と。

仏法には、祈りを叶え成仏するための四つの要の力「四力」（＝信力、行力、仏力、法力）が説かれています。

「信力」とは御本尊を信じる力であり、「行力」とは題目を唱え、人のため、社会のために広宣流布へと行動していく力です。

「仏力」とは、仏が衆生を救う誓いを立て、その成就を願うこと、「法力」とは、妙法の広大深遠な利益のことです。つまり、強盛な信力、行力を奮い起こしていくとき、偉大な仏力、法力があらわれてくるのです。

「絶対に、祈りが叶わないわけがない」と御本尊への大確信をもち、勤行・唱題に励み、仏法を弘めゆく「広宣流布」の活動に励んでいく時、自身に内在している仏界の生命が力強く湧き現れ、実際の生活においても、願いが成就し、功徳として現れてくるのです。

「勤行をしているが、祈りがなかなか叶わない」という人がいます。そういう人の話を聞いてみると、〝祈れば何とかなる〟と思って努力を忘れていることが多いようです。「祈りとして叶わざるなし」の信心ですが、同時に「仏法は道理」です。現実の生活、仕事、また勉学などにおいて願いや目標を叶えるための努力をしないで、祈っていればいいと安易に考えるのは間違いです。努力した延長に、祈りは叶うのです。言ってみれば、祈りとは、努力し、目的を成就させていくための〝エンジン〟なのです。

さらに、その時は思うような結果にならない場合があったとしても、後になってみると、一番良かったという方向になっていくのが信心の功徳です。

「顕益」と「冥益」

御本尊の功徳には、「顕益」と「冥益」の二つの利益があります。

顕益とは、直面する眼前の苦しみ、悩みが解決するなど、生活の表面にあらわれ、はっきりと分かる利益のことです。例えば、信心をして、前向きに治療に取り組んで病気が治ったといった利益です。

これに対して、冥益とは、若木が年月を経てやがて大樹と育つように、たゆみなき信仰実践のなかで、三世にわたる永遠に崩れぬ福運を積んでいくことです。何年間か長い目で見た場合には、厳然と変革があり、幸福になり、人格的にも成長し輝いていく利益のことです。

大聖人は、「正法を受けるのは簡単だが、たもっていくことは難しい。成仏はたもち抜いていくことにある」（御書１１３６ページ、趣意）と仰せです。

大切なことは、祈りを続けることです。祈りを続ければ、祈った分だけ、功徳に包まれ、幸福の軌道へと自身を導いていくことができるのです。

「持続」にこそ、生命の変革である成仏があるのです。この生命の変革が冥益の究極なのです。

❀池田SGI会長の指針から❀

真剣に勤行・唱題を続けたら、どれほど素晴らしいか。全部、自分のためです。義務ではなく、自分の権利です。

御本尊は決して、拝んでほしいなどと言われていない。こちらから、拝ませてくださいというのが信心です。やった分だけ、自分が得をする。（中略）

ともかく窮屈に考える必要はない。仏法は人間を自由にするものであって、人間を縛るものではないのです。少しずつでも、毎日することが大事です。毎日、ご飯を食べてエネルギーとなる。勉強も毎日、積み重ねることによって力となる。「毎日の生活が即人生」となる。だから「毎日の生活即向上」でなければならない。その推進力が勤行です。（中略）

勤行という行に励むことは、毎日の「心のトレーニング」です。自分自身の生命を清浄にし、エンジンをかけ、軌道に乗せていくことです。心身ともに回転を促し、リズムを整えていくのです。（「青春対話」『池田大作全集64』収録）

勤行をするのは〝自分のため〟である。

また自分の姿を見て、後輩もついてくる。子どもも見習う。（中略）

題目を百遍、二百遍でもよい。何かやることである。ともかく、まず御本尊の前に座ることだ。

大事なことは、朝晩、御本尊を拝そう、題目をあげようという「心」である。その「心」があれば福運は消えない。その心で「実践」すれば、福運はいや増していく。

だれが見ていなくとも、御本尊が全部、見ておられる。（『池田大作全集 86』）

◇

勤行・唱題は、小宇宙である自分自身を、大宇宙の根本のリズムに合致させゆく崇高な儀式である。

御本尊へ合掌し、勤行・唱題する。その声は、すべての仏・菩薩、諸天善神のもとに届いている。そして、目には見えないが、全宇宙の仏・菩薩、諸天善神が、その人を守り囲んでいく。その〝真ん中〟に自分がいることになる。（中略）

題目をあげるということが、どれほど、すごいことか。すべての仏・菩薩、諸天が味方になるのである。

だから人類を救う力がある。救う使命がある。（『池田大作全集 90』）

◇

「親が子どもを捨てないように、子どもが母から離れないように」、そのように自分の心を御本尊の中に入れて、「実現させてください」と真心から祈ればいいのです。その祈りが、必ず、力を与えてくれる。

「祈り」という特別なものがあるのではない。「心から、お願いする」ということにほかならない。「心」が大事です。心から御本尊を慕い、信じ、御本尊を大好きになって祈っていくことです。（中略）

すべて自分のための信心です。唱題も「自分が満足する」ということが大事です。決して、何時間やらなければいけないとか、形式ではない。

目標を立てることは意味があるが、疲れている時とか眠い時とか、心もうつろに、惰性で口を動かしているだけ（笑い）――それよりも早く休んで、はつらつとした心身で行うほうが、価値的な場合がある。

居眠りしながら祈るのではなく、真剣さが大事です。「ああ、すっきりした」と自分が満足するのが第一義です。その一日一日の積み重ねが、自然のうちに、一番いい方向へと人生を開いていくのです。（「青春対話Ⅱ」『池田大作全集64』収録）

勤行の方式と御祈念文の内容について

御祈念文の「祈念」とは、自分の心の中で真剣に祈っていくことです。

ここでは、２０１５年（平成27年）11月、世界宗教としての一層の発展を期して制定した「創価学会『勤行要典』」に沿って、「勤行」の方式と、「御祈念文」の内容を解説します。

なお、祈念とは「思う」ことですので、細かい表現にとらわれる必要はありません。御本尊への報恩感謝、三代会長への報恩感謝、広宣流布の祈念と回向の心こそが大切です。

初めに、

御本尊に向かい、鈴を打ち、諸天供養の意義も込めて題目三唱します。（複数で勤行を行

う場合は、全員で唱和します）
御本尊に向かい、最初の題目三唱をするなかに、諸天供養の意義を込めて唱えます。
朝・晩の勤行、並びに会館等での勤行は、いずれも同じ勤行方式となります。

次に、
方便品を読誦します。方便品読誦の後、鈴を打ちます。
自我偈を読誦します。自我偈読誦の後、鈴を打ちます。
続いて、題目を唱えます。題目終了のときに鈴を打ち、題目三唱します。（導師のみ）

次に、「御本尊への報恩感謝」「三代会長への報恩感謝」「世界広宣流布の祈念と回向」の御祈念を続けて行います。

一、御本尊への報恩感謝

法華経の肝心・南無妙法蓮華経の御本尊に南無し、報恩感謝申し上げます。
末法の御本仏・日蓮大聖人に南無し、報恩感謝申し上げます。
日興上人に南無し、報恩感謝申し上げます。

と祈念の後、題目三唱します。（導師のみ）

創価学会の教義の基本は、日蓮大聖人を末法の御本仏と仰ぎ、根本の法である南無妙法蓮華経を具現された三大秘法を信じ、御本尊に自行化他にわたる題目を唱えることにあります。大聖人は、御書において、根本の法である南無妙法蓮華経を度々「法華経の肝心」と御教示されており、それを御本尊としてあらわされました。

ゆえに「法華経の肝心・南無妙法蓮華経の御本尊」に南無し、深く報恩感謝申し上げ、御本尊根本の信心を誓います。

また、御本尊をあらわされた日蓮大聖人を「末法の御本仏」と仰ぎ報恩感謝申し上げ、大聖人直結の信心を誓います。

さらに、日興上人が御本尊根本の大聖人の教えを正しく継承されたことに報恩感謝申し上げます。

一、三代会長への報恩感謝

創価学会初代会長　牧口常三郎先生、第二代会長　戸田城聖先生、第三代会長　池田大作先生を広宣流布の永遠の師匠と仰ぎ、その死身弘法の御徳に報恩感謝申し上げます。

と祈念の後、題目三唱します。（導師のみ）

今日の壮大な世界広宣流布は、牧口常三郎先生、戸田城聖先生、池田大作先生の「三代会長」の死身弘法・不惜身命の実践によって成し遂げられました。この世界広布の潮流を永遠たらしめ、師弟不二の精神を継承する上から、「三代会長」を「広宣流布の永遠の師匠」と仰ぎ、死身弘法の御徳に報恩感謝申し上げるとともに、その指導を実践し、その精神を受け継ぐことを誓います。

一、世界広宣流布の祈念と回向

世界広宣流布大願成就と、創価学会万代の興隆を御祈念申し上げます。

自身の人間革命と宿命転換を祈り、種々の願いが成就しますよう御祈念申し上げます。

(種々の祈念はここで行います)

先祖代々並びに亡くなられた会員・友人の追善供養のために。

(回向の中で鈴を打ちます)

と祈念の後、題目三唱します。(導師のみ)

次に

世界の平和と一切衆生の幸福のために。

と祈念の後、鈴を打ち、題目三唱して終わります。（複数で勤行を行う場合は、全員で唱和します）

日蓮大聖人の御遺命である世界広宣流布を現実のものとした仏意仏勅の教団に連なっていることを自覚し、各自の誓願として「世界広宣流布大願成就」と「創価学会万代の興隆」を祈念します。

また、「自身の人間革命と宿命転換」をはじめ、種々の願いを祈念します。あわせて、「先祖代々並びに亡くなられた会員・友人の追善供養」を行います。

最後に、「世界の平和と一切衆生の幸福」を祈り、題目三唱して勤行を終えます。

「自他共の幸福」へ
――折伏・弘教、仏縁の拡大

学会活動の中でも、もっとも大切な基本の一つが「折伏・弘教」の実践です。

仏法は、自身の幸福だけでなく、悩める友を救い「自他共の幸福」を実現し、崩れぬ平和な世界を築いていく大法なのです。この大法を弘めていくのが「広宣流布」の実践なのです。

日蓮大聖人は、「力あらば一文一句なりともかたらせ給うべし」（御書1361ページ）、「一句をも人にかたらん人は如来の使と見えたり」（御書1448ページ）と仰せになっています。

仏法は、決して観念的なものではなく、仏法の素晴らしさを語り、行動していく私たちの生命の中に脈打っていくのです。

一人の友の幸福を願い、御本尊の偉大さ、創価学会の素晴らしさを語っていくことが大切です。

それがすべて「折伏・弘教」の実践となり、そのまま福徳となって自身の生命に刻まれ、尊極の仏界の生命、成仏の境涯を開く根本の仏道修行となるのです。

また、「折伏＝折り伏せる」という言葉のイメージから、ともすれば、相手の言い分を強く論破するのが折伏であるかのように考えがちですが、そうではありません。

池田先生は「折伏とは『真実を語る』ことです」「法華経の真髄である『南無妙法蓮華経』の素晴らしさを語り、広げていく行動は、全部、『折伏』です」と語っています。

したがって、大聖人の仏法はこんなに素晴らしいんだと語っていくことがすべて「折伏」になるのです。

成仏のための「種」を植えるのが「下種」

私たちは、「折伏・弘教」を実践していくと、さまざまな反応に出あいます。仏法の話を聞いてすぐに理解し共感してくれる人。また逆に、反発し批判をする人。人によって、態度は異なります。

仏法の話を他の人たちに聞かせていくことを、成仏のための種（原因）を人々の心（生命）に植えるという意味で、「下種（仏種を下ろすこと）」と呼んでいます。

日蓮大聖人の仏法について語り、御本尊の偉大な功力を教えることは、相手の生命に妙法の〝種〟を植えたことになり、やがていつか〝芽〟を出してくることは間違いないのです。

この「下種」は、「聞法下種」と「発心下種」の二つに分けられます。法を聞かせるというのが「聞法下種」であり、信受させるのが「発心下種」です。

戸田先生は、この聞法下種と発心下種を、折伏・弘教の実践に当てはめて次のように指導しています。

「下種には聞法下種と、発心下種の二種類がある。初めて会って折伏した。けれど信心しなかった。これは聞法下種である。ところが、次の人が行って折伏し、御本尊様をいただかせた。これは発心下種である。どちらも下種には変わりはない。功徳は同じである」

御書に「法華経を一字一句でも唱え、また人にも語っていく人は仏の使いです」（1121ページ、趣意）と仰せのように、仏法を語り弘める行為は仏の使いとしての振る舞いであり、尊い修行であり、広大な功徳の源泉であることはいうまでもありません。

大聖人は「とにかくも法華経を強いて説き聞かせていくべきである」（御書552ページ、趣意）と仰せです。

相手が仏法を信じても、信じなくても、仏法の偉大さ、素晴らしさを語り、広く仏縁を結ぶことこそが「折伏・弘教」の実践となり、その功徳は、はかりしれないものがあるのです。

一方、日蓮大聖人の仏法は「謗法」を厳しく戒めています。「謗法」とは「誹謗正法」、つまり「正法を誹謗する（＝そしる、悪口を言う、敵対する）こと」です。

例えば、いくら御本尊を真剣に拝んでいるようでも、同時に同じ人が別の信仰対象を拝んでいれば、それは謗法となります。御本尊に対する信仰は「唯一無二」の姿勢でなくてはなりません。

そのうえで現実の生活にあって修学旅行や仕事で、どうしても神社仏閣に行かなければならないことがあるかもしれませんが、その場合は、その宗教を信じ、「拝む」のが目的でなければ謗法ではなく、全く問題はありません。

あくまでも「法に背く」行為かどうか――そこに、「謗法」かどうかの判断基準があるのです。

❀池田SGI会長の指針から❀

妙法を唱え、弘める人は仏の使い
――大福徳を積み、永遠の幸福への直道を

折伏とは「真実を語る」ことです。法華経は真実を説いているので「折伏の経典」と呼ばれる。末法においては、法華経の真髄である「南無妙法蓮華経」のすばらしさを語り、広げていく行動は、全部「折伏」です。（中略）

大切なことは「真心が通じますように」との祈りです。祈りから智慧も生まれる。確信も、歓喜も生まれる。

大変だけれども、その人が必ず幸せになり、自分も幸せになっていくことを思え

ば、これほど「楽しい」こともない。(『普及版　法華経の智慧(上)』)

多くの人が、「自分だけの幸せ」しか考えないような世の中である。

その中で、自分自身が、さまざまな苦労を担いながらも、悩める友の声に耳を傾け、励ましておられる。懸命に、広宣流布のために行動し、折伏をしておられる。それが、どれほどすごいことか。(中略)

「私は幸福だ。最高の妙法を持っているから」

この大確信で、仏法を語ればよいのである。

現在の境遇がどうあれ、妙法を唱え、弘めゆく人は、すべて仏の使いである。はかりしれないほどの大福徳を積み、永遠の幸福への直道を歩んでいることを誇りにしていただきたい。(『池田大作全集　93』)

◇

聖教新聞の拡大も弘教に通じる。

「文字は是れ三世諸仏の気命なり」（御書381ページ）——（経文の）文字は、三世諸仏の命である（と天台は言っている）——

妙法を根底にした聖教新聞にも通ずる御言葉と拝される。

「仏は文字に依つて衆生を度し給うなり」（御書153ページ）——仏は文字によって民衆を救われるのである——とも仰せである。

仏法の世界の「文字」には人を救う力がある。人を救う文字であり、新聞なのである。

さらに御書では、涅槃経を引かれている。

「願わくは諸の衆生悉く皆出世の文字を受持せよ」（御書153ページ）——願わく

ば、もろもろの衆生よ、ことごとく、みな、出世間の文字（仏法の世界の文字）を受持せよ――

戸田先生が、「聖教新聞を日本中、世界中の人に読ませたい」と言われたのも、このお心からであった。

「人を救う文字」を広める。配達する――その方は、立派な弘法をされていることに通じる。

功徳も生々世々に続き、また家族にも及んでいく。（『池田大作全集 84』）

活動のなかで仏法を学び、信を深める

人生の軌道をつくる

私たちの信仰の根本指針の一つに「実践の教学」が挙げられます。

「実践の教学」とは、日蓮大聖人が教え残された「御書」の拝読を根本に、正しい仏法の法理を信仰実践のなかで学び、心に刻んで、御本尊への「信」を深めていくことです。

「御書」とは、大聖人が自ら執筆された論文やお手紙などの著作です。大聖人は、多くの門下に、信心の激励、法門の解説、御供養のお礼、生活指導など、さまざまな内容の著作を送られました。

御書には、仏法を理解するための教えや、信仰を貫くうえでの心構え、そして仏法のうえからの物の見方や考え方が明確に示されています。

「実践」を離れたところに私たちの教学は存在しません。どこまでも信心を深め、実践を豊かにするための研鑽が大事です。

池田先生は、教学の大切さについて、つづっています。

「教学は、人生、生き方の軌道をつくる。教学の研鑽がなくなると、なんのための信心か、わからなくなり、感情や利害に左右され、策略で動くようになってしまうものです」

(『新・人間革命』第4巻「青葉」の章)

教学を深めていくならば、私たちの信心の実践を妨げようとする「魔」の本質も分かります。心にある疑問も晴らしていけます。なぜ「難」にあうのか、なぜ「迫害」されるかが道理として理解することができ、ますます信心への確信が強くなります。

池田先生は「苦しい時ほど、必死になって御聖訓を求めた。そのたびに、胸に勇気がわいた。暗闇を破って、不撓不屈の太陽が昇った」と述べています。

日々の生活のなかで御書を拝し、研鑽を積み重ねることは、さまざまな困難に直面した時、それらを乗り越え、希望の人生を大きく切り開いていく智慧の源泉となるのです。

広宣流布への指標

第2次世界大戦中、初代会長の牧口常三郎先生と戸田先生は「信教の自由」を守り抜くために、軍部政府の弾圧を恐れた日蓮正宗宗門からの〝神札を受けては〟との申し入れを、断固、拒否しました。

そのために治安維持法違反、不敬罪の容疑で逮捕・投獄されました。その時、創価学会の前身であった創価教育学会の多くの幹部たちは退転してしまったのです。

それは、教学がなかったため、「難」の本質が分からず、大聖人の仏法の実践を貫き通すことができなかったためです。

戸田先生が戦後、焼け野原に一人立ち、学会の再建に立ち上がった時、「かつての創価教育学会が壊滅したのは、教学という柱がなかったからである」ことを痛感し、自ら「法華経講義」を開始しています。ここに、学会の「実践の教学」の原点があります。

戸田先生の発願によって、1952年（昭和27年）4月には、『日蓮大聖人御書全集』が完成し、発刊の辞で、「この貴重なる大経典が全東洋へ、全世界へ、と流布して行く事をひたすら祈念して止まぬものである」とつづっています。

恩師のこの念願を、池田先生はそのまま実現してきました。

御書発刊から60年以上を経た今日、人間主義の仏法は全世界へと広がり、御書は英語、スペイン語、フランス語など諸言語に翻訳され、世界の友が大聖人の仏法を御書を通して学び、実践しているのです。

「希望の一書」

学会の教学は、どこまでも日蓮大聖人の御書を生活のなかで拝し、さらに広宣流布の指標として、活動のなかで生き生きと歓喜の生命で拝していくことに特徴があります。

御書は、大きく法門に関する著作と、大聖人が当時の弟子に与えられたお手紙に分類されます。お手紙といっても、そのなかで大聖人は重要な法門を取り上げられています。

例えば、四条金吾や富木常忍、南条時光などの門下が、それぞれの仏道修行や仕事、日常生活のなかでのさまざまな悩みや疑問を大聖人に手紙で報告していますが、その一つ一つに対して仏法の法門のうえから丁寧に答えられています。

時代は違っても、私たちが、求道の心を燃やして御書を拝読し、真剣に教学を学んでいくならば、必ずや人生と日々の生活への指針を、汲み取ることができるのです。

池田先生は、「御書は『無限の希望』の一書です。御書を拝して行動する限り、行き詰まることは絶対にありません」と指導しています。

また、御書拝読の姿勢として「『御書を学ぼう』『御書を開こう』との一念が大切である。内容を忘れてもいい。生命の奥底では何かが残っている」「明日から御書の一ページでも、一行でも拝読することをお勧めしたい」とも語っています。

難しい御文もありますが、御書を少しでも拝していこう、大聖人の御精神にふれていこうという姿勢と心が大切です。

私たちは日々の学会活動のなかで、御書を拝しながら、「大聖人の仰せ通り」の行動に邁進し、勝利の人生を歩んでいきましょう。

また、御書を研鑽するのは、自身の信心の成長の糧であるとともに、多くの人々に仏法を語っていけるよう教学の力をつけていくためでもあります。

池田先生は語っています。

「仏法を学ぶ喜びが、信心の確信を深める。その確信が、仏法を語る勇気を、満々と漲らせるのである」

「御書には、新世紀の世界が求めてやまない『希望の哲学』『平和の哲学』『生命尊厳の哲学』の光源がある。御書を根本として、未曾有の『生命覚醒の光』を広げていく――なんと壮大なる『新世紀のルネサンス』であろうか」

「信心の深化と成長のため」「正法の実践のため」「広宣流布のため」――すなわち「何のため」の御書の研鑽かを忘れずに、地道に取り組んでいきたいものです。

信心を妨げる「難」や「魔」とは

――賢者は喜ぶ宿命転換のチャンス

私たちは日蓮大聖人の仏法の実践を通して、大きな功徳を積み、苦悩に左右される人生を「成仏」という絶対的な幸福境涯へと転換していくことができます。

これは、信心すれば〝悩みや苦労がすべてなくなる〟ということではありません。「難を乗り越える信心」で学んだように、むしろ、信仰を貫く途上において、さまざまな苦難や障害に直面することがあります。

こうした仏道修行の途上に起こる障害のなかに、代表的なものとして「三障四魔」があります。すなわち、三種の障りと四つの魔です。

「障」は、障り、つまり邪魔をするという意味で、仏道修行を阻もうとする働きです。「魔」とは、仏道修行をしようとする生命をむしばみ、心を乱し、生命そのものの輝きを奪う働きです。

「三障」には、「煩悩障」「業障」「報障」の三つがあります。

「煩悩障」とは、貪りや瞋り、癡かといった、自分自身の迷いの生命（＝煩悩）が、仏道修行を妨げることです。目先の欲望に振り回されて修行に励めないとか、感情にとらわれて信心をやめてしまうなどが、その例といえます。

「業障」とは、悪い行いが仏道修行を妨げることです。大聖人は、「業障というのは、妻子などによって障りがあらわれることである」（御書１０８８㌻、趣意）と仰せです。これは、例えば妻子が信心に反対することなどをいいます。

最後の「報障」は、過去世の罪業による悪い果報が信心修行を妨げることをいいます。御書には「報障というのは、国主や父母などによって障りがあらわれることである」（１

088ページ、趣意）と仰せです。

一方、四魔とは「陰魔」「煩悩魔」「死魔」「天子魔」の四つをいいます。

「陰魔」とは、「陰」（肉体や心の働き）の活動が不調になって、成仏へ向かおうとする命を破ることをいいます。例えば、正法を信ずる者を病気にさせる働きなどです。

二番目の「煩悩魔」は、自身の煩悩によって、信心に励む心を破壊することをいいます。

次の「死魔」とは、文字通り事故や病気などによって生命を失わせることによって修行を妨げようとする魔です。また、同志の死によって信心に疑いを生じさせることも死魔の働きといえます。

最後の「天子魔」とは、第六天の魔王によって起こされるものです。第六天の魔王は、もっとも本源的な魔で、例えば権力者などの身に入って、ありとあらゆる力をもって仏道修行に励む人を迫害すると説かれています。

日蓮大聖人は、仏道修行と三障四魔の関係について、「この妙法を語っていけば、必ず魔があらわれる。魔が競い起こらなければ、正法であると知ることはできない」(御書1087ページ、趣意)と仰せです。

さらに、中国の天台大師が説いた『摩訶止観』の「修行が進み、仏法の理解が深まってくると、三障四魔が入り乱れて競い起こってくる。これに随ってはならない。恐れてもならない。これに随ったなら三障四魔は人を悪道に向かわせる。これを恐れたなら仏道修行を妨げられる」(趣意)との一節を引かれ、「この釈の文は、日蓮の身に当てはまるだけではなく、わが門流の明鏡である。謹んで習い伝え、未来にわたっての信心の糧とすべきである」(御書1087ページ、趣意)と、障魔に紛動されることなく、強盛な信心を貫くよう教えられています。

このように、私たちの仏道修行の途上には、さまざまな障害や苦難が競い起こってきますが、注意しなければいけないことは、煩悩や、夫や妻、子、父母、あるいは病気や死が、初めから障魔であるというのではなく、これらに引きずられる修行者の弱い生命にとって「三障四魔」とあらわれる、ということです。

信心を妨げようとする障りや魔を打ち破るものは、どこまでも、何事にも揺り動かされない強い信心そのものなのです。

大聖人は、「海の潮の干満と、月が出た後と出る前、夏と秋と冬と春の境目には、必ずそれまでと異なることがある。私たち凡夫が仏になる時も同じである。その時には、必ず三障四魔という障りがあらわれる。これがあらわれた時に、賢者は喜び、逆に愚者はひるんで退いてしまう」（御書1091ジペー、趣意）と仰せです。

障魔があらわれた時こそが、宿命転換のチャンスであり、一生成仏を遂げられるかどうかの分岐点です。この時にこそ、御本尊根本に、難に負けずに、いよいよ強盛な信心を奮い起こしていくことが大切です。「賢者は喜び」の信心を確立し、難を乗り越え、何ものにも崩れない幸福境涯を築いていきましょう。

日蓮大聖人は数々の大難に勝利

――生命の偉大な力を、身をもって示す

末法に、法華経を弘める者には、必ず迫害がある――そう法華経には説かれています。

日蓮大聖人の御生涯は、まさに迫害による難の連続でした。

大聖人は御自身が受けられた難について、「少少の難は・かずしらず大事の難・四度なり」（御書200ページ）と言われています。四度の大きな難とは、①松葉ケ谷の法難②伊豆流罪③小松原の法難④竜の口の法難・佐渡流罪の四つです。

大聖人は二度にわたる流罪をはじめ、権力の迫害によって首を斬られるような事態になったことや、武装襲撃など、命に及ぶ数々の難を受けられました。また、あらゆる階層の人々から憎まれ、悪口されました。

法華経には、末法の法華経の行者が「刀杖瓦石」（刀や杖で打たれ、瓦や石を投げつけられる）、「数数見擯出」（権力によって何度も追放される）、「悪口罵詈」（悪口を言われ、罵られる）などの難を受けると説かれています。

大聖人は「開目抄」で、御自身が受けられた大難を挙げながら「ただ日蓮一人がこれらを身で読んだのである」（御書２０３ページ、趣意）と仰せです。大聖人の遭われた難は、まさに、これら法華経の文と一致し、大聖人が身をもって法華経を読まれたこと（法華経の身読）が明らかになるのです。

そうした法華経の身読によって、大聖人が末法の御本仏であることが、事実と経文の一致をもって客観的に証明されました。しかし、大聖人が大難を受けられたことの意義は、法華経を身読したということだけにとどまりません。

大聖人は、法華経に説かれている通りに、数々の大難を受け、そのすべてに耐え抜き、民衆救済の振る舞いに徹し抜かれた勝利の姿をもって、一人の人間が、生命に本来そなわる仏界の偉大な力を涌現できることを、証明されたのです。

凡夫（ふつうの人間）がそのまま仏になる――これこそが、法華経の核心であり、魂です。大聖人は大難の連続のなかで、この法華経の魂を身をもって示されたのです。

❖心に刻みたい御書の一節

信心実践の糧となる御書の一節を紹介します。

御本尊は「御本仏の御生命」

「日蓮がたましひをすみにそめながして・かきて候ぞ信じさせ給へ」（「経王殿御返事」、1124ページ）

〈趣意〉

御本尊は、日蓮の魂（生命）を墨に染めながして書きしたためたのである。信じていきなさい。

〈解説〉

御本尊は、御本仏である日蓮大聖人御自身の命そのものです。

大聖人は、成仏の種子である南無妙法蓮華経の大法を御本尊としてあらわされたことにより、万人が御本尊を信受することで、各人の胸中の仏界の生命を開いていける道をつくってくださったのです。

この御本尊を信じて、自行化他にわたる唱題に励むならば、誰人でも幸福境涯を開いていくことができます。御本尊には、広大無辺の力があるのです。

一閻浮提（全世界）の民衆のためにしたためられた御本尊であり、会館に御安置している御本尊も、私たちが家庭で拝する御本尊も、すべて大聖人の御生命と一体なのです。

われわれが信心をもって御本尊を拝していくならば、功徳は絶大なのです。

題目は「師子吼」

「南無妙法蓮華経は師子吼の如し・いかなる病さはりをなすべきや（中略）畏れ無きこと師子王の如くなるべし」（「経王殿御返事」、1124ページ）

〈趣意〉

南無妙法蓮華経は、獅子が吼えるようなものです。どのような病気が、題目を唱える人の妨げとなることができましょうか。妨げることはできません（中略）恐れのないことは、まさに師子王のようでありましょう。

どんな方策(ほうさく)よりも「法華経の兵法(へいほう)」

「なにの兵法よりも法華経の兵法をもちひ給(たも)うべし（中略）ふかく信心をとり給へ、あへて臆病(おくびょう)にては叶(かな)うべからず候(そうろう)」（「四条金吾殿御返事(しじょうきんごどのごへんじ)」、1192ジペー）

〈趣意〉

いかなる兵法（どんな方策(ほうさく)、戦いの方法）よりも法華経の兵法（＝信心）を用(もち)いていきなさい（中略）深く信心をしていきなさい。あえて臆病であってはならないのである。

小説『人間革命』『新・人間革命』について

「戦争ほど、残酷なものはない。戦争ほど、悲惨なものはない。だが、その戦争はまだ、つづいていた」との一節から始まる小説『人間革命』、「平和ほど、尊きものはない。平和ほど、幸福なものはない。平和こそ、人類の進むべき、根本の第一歩であらねばならない」から始まる小説『新・人間革命』。

これらは、池田先生が「法悟空」のペンネームでつづる創価学会の「精神の正史」です。戸田先生と池田先生の姿を通し師弟の生き方が記された、学会員の「信心の教科書」ともいえます。

また、そこにつづられているのは、宿命の嵐と戦い、広宣流布に生き抜く、無名の庶民による人間革命の劇であり、それは、宿命を使命に転じ、蘇生した、地涌の菩薩の群像でもあります。

『人間革命』第1巻「はじめに」に記されている「一人の人間における偉大な人間革命は、やがて一国の宿命の転換をも成し遂げ、さらに全人類の宿命の転換をも可能にする」との主題こそ、私たち創価学会の運動が目指すものです。

『新・人間革命』第1巻「あとがき」には、こうあります。

「生命の続く限り、私は書き続ける。正しい仏法とは何か。正しい人生とは何か。そして、何が歴史の『真実』か。人間にとって『正義』の戦いとは何かを。そこに、人類の未来を開く、一筋の道があるからだ」

この小説に示された指針を、私たちが「精読」し「実践」することが大切といえるでしょう。

■社会と生活

人間のための社会「立正安国」

日蓮大聖人は、１２５７年（正嘉元年）に起きた「正嘉の大地震」やその前後に相次いだ自然災害、飢饉、疫病により、苦悩にあえぐ人々の姿を目の当たりにされ、１２６０年（文応元年）に「立正安国論」を著し、鎌倉幕府の要人に提出されました。

「立正安国」とは、「正を立て、国を安んず」と読みます。「立正」とは、一人一人が自身に内在する根本的な善性（仏の生命）に目覚め、「人間尊厳」「生命尊厳」の哲理を確立することです。「安国」とは、民衆が安心して暮らせる安穏で平和な国土の建設を目指すことです。

大聖人は、「立正安国論」の中で、民衆の苦悩を救う道を模索し、人間尊敬、生命尊厳の哲理を人々の心に確立することが、安穏な社会を建設する方途であることを教えられています。

池田先生は、「立正安国論」の一節「汝須く一身の安堵を思わば先ず四表の静謐を禱らん者か」（御書31ページ）を通し訴えています。

「それは、『一身の安堵』に執着するエゴイズムを打ち破り、いうなれば『他人の不幸のうえに自分の幸福を築くことはしない』との誓いを共有することだ。

本気で『自他共の幸福』を祈る自身へと変革することだ。そして、自分の身の回りから、『自他共の幸福』のために行動する人びとの連帯を、粘り強く広げることである。

この草の根のスクラムを強固にしていくことが、『生命尊厳の社会』『人間のための社会』の土台となり、崩れざる民衆の幸福と平和を築いていくのだ」

創価学会・ＳＧＩが、多彩な分野の運動に積極的に関わっているのは、この立正安国の精神が基盤となっているのです。

平和・文化・教育運動

創価学会は、平和・文化・教育の分野でさまざまな活動を展開し、現代社会が抱える地球的な諸課題に取り組んでいます。

1957年(昭和32年)、戸田先生は、〝核兵器は絶対悪である〟との「原水爆禁止宣言」を、青年部への遺訓の第一として発表しました。これが、創価学会の平和運動の淵源です。

核兵器の脅威を伝える展示や人権教育などの活動を通し、平和の大切さや生命の尊厳、人権の尊重などを訴え、環境保護に関する展示などを通し、地球環境の保全への意識啓発も推進しています。こうした運動は、日本国内のみならず、世界各国に大きく広がっています。

信心即生活

日本では一般に、信仰とは日常生活から離れた特別な世界の事柄であると考えたり、日常の生活の中でも信仰の時間と生活の時間とは別なものであると捉えたりする傾向があります。

しかし、日蓮仏法においては、信仰と生活とは、切り離して捉えるものではありません。ゆえに創価学会では、「信心即生活」「生活即信心」と指導しています。

御書には「御みやづかいを法華経とをぼしめせ」（1295ページ）とあります。この「御みやづかい」とは、主君などに仕えることですが、今日の私たちの立場にあてはめれば、なすべきこと、果たすべき役割であり、職業・仕事・生活にあたります。

したがって、この御文は、日々の生活がそのまま仏道修行の場であり、信心を根本とした自身の生き方を示す場であることを教えられているのです。

生活の場で直面するさまざまな課題に対して、御本尊への唱題を根本に真剣な努力を重ねていった時に、その現実との戦いそのものが、私たちの仏界の生命を涌現させる機縁となり、自身の生命変革の舞台ともなるのです。

また、信心で開拓した生命力、豊かな境涯を土台にして、生活の場に勇んで出ていった時、生活そのものも、おのずから変革されていきます。家庭でも、地域でも、あるいは職場でも、どこにいても信頼される人間として勝利していけるのです。

座談会、本部幹部会等への参加

日蓮大聖人は、「植えた木であっても、強い支柱で支えれば、大風が吹いても倒れない。もともと生えていた木であっても、根が弱いものは倒れてしまう」（御書1468ジペー、通解）と仰せです。

座談会は、老若男女が集い、互いの信仰体験を語り合う触発の場であり、教学を研鑽する「対話の広場」です。地区またはブロック単位で、毎月、開催しています。

これは三代の会長がもっとも大切にしてきた伝統行事です。

牧口先生は、「人生に関する問題は『対話』でなくては相手に通じない」と語り、戸田先生は、「広宣流布は一対一の膝詰めの対話からだ」と訴えました。池田先生は「小さな、小さな、この庶民の集いから、善と正義と連帯をば、地域へ、社会へ、世界へと広げていくのだ」と宣言しています。

地道にして崇高な座談会に、積極的に参加したいものです。

また、戸田先生の時代から、もっとも大事な行事として「本部幹部会（本幹）」が開催されてきました。池田先生も、本幹は「勝利のリズムをつくりゆく回転軸」であり、「皆の前進のエネルギー源」としようとして臨んできたと語っています。

中継システムが導入された１９８９年（平成元年）からは、全国各会館や個人会場で定期的に中継行事として行われています。

さらに、各部の会合にも参加し、皆で励まし合って希望の前進をしていきましょう。

「聖教新聞」の購読

創価学会の機関紙である「聖教新聞」は1951年（昭和26年）に戸田先生と池田先生の師弟によって創刊されました。

「聖」の字は、日蓮大聖人の「聖」に通じます。つまり、「聖教新聞」という題字には、日蓮大聖人が説かれた仏法思想を、言論の力で広く社会に発信し、平和・文化・教育の活動を通して、〝人間主義〟の潮流を日本中、世界中に広げていこうとの誓いが込められているのです。

池田先生は戸田先生とともに、創刊時から、誰よりも「聖教新聞」の充実に力を注いできました。激務のなかで自らペンを執り、世界の平和と広布の未来を展望し、尊き同志に勇気と希望を贈っています。

戸田先生は、次のように語りました。「世の中が不幸であることはよくわかる。では、どうすれば幸福になれるか。誰も、何も答えていない。しかし、聖教新聞には幸福への道が書かれている。こんな新聞はほかにはありません」「聖教新聞を、日本中、世界中の人に読ませたい」と。

御書には、「仏は文字によって人々を救うのである」（１５３ページ、通解）、「（法華経の）文字変じて又仏の御意となる」（４６９ページ）等と説かれています。「聖教新聞」を読むことは、仏縁に触れることであり、聖教の拡大は、そのまま仏縁の拡大であり、広宣流布への折伏に通じます。

２０１６年（平成28年）２月から、聖教新聞社の公式ウェブサイト「セイキョウオンライン」で紙面イメージの閲覧が可能になり、手軽に新聞を読むことができるようになりました。創価学会のニュース、三代会長の指導、信仰体験、教学、各部のページ等、信心に関する紙面はじめ、文化や教育、健康のページ、社会面等も含め、「聖教新聞」の記事を自身の成長の糧としていきたいものです。

「彼岸」「回向」について

日本では一般的に、春分、秋分の日を中心に前後各三日の合計7日間を「彼岸」として、墓参りや彼岸会などの法要を行い、先祖に回向する風習があります。「彼岸」とは、もともとは仏教用語のパーラミター（波羅蜜）という言葉、修行・覚りの完成という意味です。中国で「到彼岸」と訳されました。これは、「覚りの岸に到達する」、すなわち仏道修行によって成仏の境涯に到ることを意味します。

私たちの場合、仏法の本義に照らして、自ら仏道修行に励むことを前提としたうえで、春・秋の彼岸を先祖回向の機会としてとらえています。

また「回向」も、本来は自らが仏道修行を行って得た功徳を他の人に「回らし向ける」という意味です。

したがって、「彼岸」や「回向」といっても、自らが正しい信心に励み、福運を積んでいくことが大前提となります。

池田先生は、「私どもが広宣流布に戦い、成仏の功徳を得ていってこそ、父母をも成仏させることができる。また、父母が一生懸命、広布に尽力して亡くなった場合には、子どもに福運がいく。守られていく。その意味で、正しき『広宣流布の団体』創価学会にしか、真の『追善』はないのである」と指導しています。

この意義を踏まえ、創価学会では、広布の尊い使命を果たして亡くなられた功労者や各家の先祖、友人など物故者の永遠にわたる福徳を祈念するために、各会館や墓地公園等で春・秋の「彼岸勤行法要」、お盆の「諸精霊追善勤行法要」、月例の追善勤行法要などを行っています。

勤行法要は、追善回向にとどまらず、自身の信心の深化と広宣流布への決意を新たにしていく場ともなっています。

創価学会の各種の追善勤行法要は、自身の成長のため、人々の幸せのため、地域の平和、繁栄のために汗している尊い仏道修行の積み重ねのうえに行われる法要であり、仏法の本義に、もっとも適っているのです。

毎日の勤行、広布の活動が追善

もちろん私たちは、毎日、朝晩の勤行で「先祖代々並びに亡くなられた会員・友人の追善供養のために」と祈念することが基本です。

日蓮大聖人門下の一人であった曾谷教信が、亡き父の回向のため毎朝、自我偈を読誦してきたと報告したところ、大聖人は「これこそ真実の孝養なのです」（御書1051ページ、通解）と賞讃されています。このように、故人や祖先への回向は彼岸などの〝特定の時〟だけに限られるものではありません。

池田先生は、「学会の法要こそが、大聖人のお心にかなった追善である。また『常盆』『常彼岸』といわれるように、年に数回だけでなく皆さまの毎日の勤行・唱題、そして日々の学会活動こそが、何よりの追善となっている」と述べています。

私たちの広布の活動こそが、何よりの追善となることを銘記していきましょう。

回向を他人任せにしない

いうまでもなく、故人を偲び、先祖に回向すること自体は尊いことです。しかし、日本では〝僧侶に拝んでもらうこと〟が先祖回向であるという錯覚が広まってしまっています。

大聖人は「自分自身が仏にならないのでは、父母すらも救えないし、ましてや他人を救うことはできない」（御書1429ページ、趣意）と仰せです。自身の仏道修行をないがしろにして、回向を他人任せ、僧侶任せにすることは、回向の本義に背くものなのです。

私たちは、僧侶による儀礼などによって、成仏するのではありません。御書には「仏の教えの通りの正しい修行をすれば、必ず一生のうちに一人も残らず成仏できます」（416ページ、趣意）とあります。すなわち、御本尊を信じ、題目を唱え、折伏を行じていくならば、すべての人が仏の境涯を開いていくことができるのです。

池田先生は「〝一生のうちに仏に〟――これが大聖人の絶対のお約束である。法のため、人のため、広布のために戦いきった人は〝一生成仏の人〟である（中略）根本は、どこまでも、今世の自身の『信心』である。僧侶が成仏・不成仏を決めるのではない」と述べています。

私たちは、どこまでも仏法本来の彼岸、回向の意義を踏まえつつ、〝学会とともに広宣流布に邁進していく〟使命の尊さを確認し、決意を新たにしていきたいものです。

3. 新会員の質問に答える

「南無」の意味は？

Q　「南無妙法蓮華経」の「南無」には、どんな意味があるのですか。

A　「南無」とは、古代インドの言葉であるサンスクリットの「ナマス」、あるいは、その変化型の「ナモー」という音を、そのまま伝えて漢訳したもので、「南」や「無」などの漢字自体の意味とは関係ありません。

「ナマス」とは「帰依する」「帰命する」、つまり根本として従う、それほど大事に敬うという意味があります。ですから、「南無妙法蓮華経」は、「妙法蓮華経に帰命する」ということになります。

三色旗の意味は？

Q　会館などに掲げられている三色旗には、どういう意味があるのですか。

A　私たちが親しんでいる三色旗は、1988年（昭和63年）4月27日に開催された第1回全国婦人部幹部会の席上、池田先生から「時代感覚にマッチした、明るい、鮮やかな色とデザインの旗を」との提案を受けて作られました。旗の「赤」「黄」「青」の三色には、さまざまな意味があります。

創価学会では、赤は「勝利」、黄は「栄光」、青は「平和」を表しています。

婦人部では、赤が「和楽」、黄は「求道」、青は「福運」。

聖教新聞社では、赤が「太陽」、黄は「知性」、青が「広宣流布」の意味があります。

なぜ「組織」の活動が必要なのか

Q 信仰は個人的に行えばいいいと思います。なぜ「組織」の活動が必要なのですか。

A 「組織」という言葉には、個人の自由がなくなり、束縛されるといったイメージを抱くかもしれません。しかし、私たちは、日常生活でも、一番身近で小さな組織単位の家族をはじめ、学校や会社、サークル、地域のコミュニティーなど、さまざまな「組織」に所属しています。

組織とは、人と人とが互いに織りなして存在するものであり、私たちの人生は、人との関わりなくして成り立ちません。

学会の同志との関わりを避け、一人だけで信心を行うと、いつしか〝自己流〟になり、正しい仏法実践の在り方から外れてしまいます。結果的には、信心を持続することが困難になります。

日蓮大聖人は「仏になるみちは善知識にはすぎず」（御書1468ページ）と説かれています。「善知識」とは、仏法を実践する人を成仏へと導く存在であり、友の成長を願い、励ましを送る学会の先輩や同志に当たります。

出身も肩書も性格も異なる、多様な人たちとの出会いや対話を通して、私たちの人間性は磨かれていきます。ダイヤモンドはダイヤモンドでしか磨けないように、人間も人間の中でしか磨かれません。

また、友の悩みに耳を傾け、勇気と希望を与え、励ましていく対話運動こそが、学会活動の基本といえます。御書に「人のために火をともせば・我がまへあきらかなるがごとし」（1598ページ）とあります。

組織の中で同志とともに取り組む仏法対話や訪問激励は、友の仏性（無限の可能性）を信じ、それを開くための行動です。そうした挑戦を通して、自分自身の仏性も開かれ、一人の人間として成長していけるのです。

池田先生は、「励まし合いながら、ともに人生を生き、ともに仏道修行をしていく。そういう人間と人間の絆のなかにこそ、仏法は躍動している」と指導しています。

勤行・唱題や教学の研鑽など、個人としての実践に励むとともに、民衆救済の魂が脈打つ学会の組織で活動することが、自身を大きく成長させていく近道なのです。

なぜ政治に関わるのか

Q　創価学会が政治に関わるのは、なぜですか。

A　日蓮大聖人は「立正安国論」の中で、積極的に社会と関わっていくべきであるとの精神を示されています。

「一身の安泰を願うなら、まず世の静穏、平和を祈るべきである」(御書31ジペー、通解)

——これは、自身の安穏のみを求めるのではなく、周囲の人々の幸福と社会の繁栄を祈り、その実現のため、積極的に行動すべきであることを示された一節です。

「立正安国論」は、鎌倉幕府の実質的な最高権力者である、北条時頼に提出された「国主諫暁(国の主権者に対して、その誤りをただし、正義を明らかにして、諫める)の書」です。天災や疫病などにより、苦しみにあえいでいた民衆を救うため、大聖人は時の権力者に対し、世の乱れを招いた為政者の責任をただし、決然と声を上げられました。

この〝民衆救済の精神〟を受け継ぎ、創価学会は、三代会長を先頭に、社会に根を張りながら、幅広い活動を推進してきたのです。

皆が安心して暮らせる社会を築く上で、国民の生命と生活を守るべき政治家には、深い人生哲学が必要です。紀元前3世紀のインドに、アショーカ大王という、仏教の理念を政治に反映した名君がいました。生命の尊厳、平等の精神、深い慈悲といった仏教の法理を、普遍的な価値として民衆に示し、平和と安定をもたらしたのです。

戸田先生は「青年は心して政治を監視せよ」との遺訓を残しました。国民一人一人が、政治を注視し、声を発し、健全な方向へ導いていかなければなりません。

学会の支援活動の歴史は、言うなれば、政治に対する国民の意識を高め、国民の手に政治を取り戻してきた歴史でもあります。

過去に、一部の政治家やマスコミなどから、「政教分離」に関して的外れな批判もありました。しかし、そもそも憲法20条にうたわれている「政教分離の原則」とは、「政(国家権力)」が「教(宗教)」に介入または関与してはならないという意味です。宗教団体が選挙で候補者を推薦したり、支援の活動を行ったりすることは、結社や表現、政治活動の自由として憲法で保障されており、決して規制されるべきものではありません。

私たちは、日蓮仏法の根幹である〝立正安国の精神〟にのっとり、正々堂々と、国民の権利として〝声〟を上げていきましょう。

よく「師弟」という言葉を聞くが

Q 学会でよく「師弟」という言葉を聞きます。なぜ「師弟」が大事なのでしょうか。

A 信心を貫く上で、自分を正しく導いてくれる師匠の存在は不可欠です。仏法では、師匠や、仏道修行を励ましてくれる同志を「善知識」と呼びます。

日蓮大聖人は善知識の大切さを、次のように譬えを引いて教えられています。

「木を植える場合、大風が吹いても、強い添え木を施しておけば倒れません。元から生えていた木であっても、根が弱い木は倒れてしまいます。同じように、特に強くない者でも、助ける人が強ければ倒れません。少し力のある者でも、一人でいたのでは険しい道には倒れてしまいます」(御書1468ページ、通解)

人間の心は揺れ動きやすく、仏道修行の途上においても、自身の弱さに負けて信心の実践を怠ってしまうことがあるかもしれません。そこで必要になるのが、常に正しく仏道に導き、信心を触発してくれる善知識なのです。

しかし、正しい師匠に巡りあうことは、容易なことではありません。末法においては、悪知識（信心を妨げる働きをなす存在）は大地を微塵に砕いた数よりも多く、善知識は爪の上に乗るわずかな土よりも少ないと、大聖人は説かれています。

では、仏法における正しい師匠を、どのように定めればよいのでしょうか。

信仰の正しさ、偉大さと言っても、その教えを信じる人の振る舞いにしか現れません。大聖人は、釈尊の真意を説いた法華経の題目を末法の世に弘め、経典に説かれる通りの大難を受けました。また、創価の三代会長もまた、大聖人が残された御書根本の闘争を貫き、ありとあらゆる迫害を受け、大聖人の思想と行動を、命を賭して現代に蘇らせ、大聖人の御遺命である世界広宣流布を現実のものとしたのです。

その三代会長、なかんずく池田先生を師匠と定め、御書や学会指導を学びながら広布の活動に励むことこそが、成仏、人間革命への直道なのです。

御本尊の御安置の方向は？

Q　御本尊の御安置には、決まった方向がありますか。また、仏壇に、地震による転倒防止の金具を付けてもいいのでしょうか。

A　御本尊の御安置には、特に決められた方向はありません。自宅の間取りや状況を考慮して、一番、敬い拝するのにふさわしい場所を選んで、御安置すればよいと思います。仏壇に転倒防止の金具を付けることはかまいません。仏壇の転倒防止をすることは、御本尊をお守りすることであり、仏壇の転倒による被害を防ぐことにもなります。各会館の仏壇にも転倒防止が施されています。

お題目の時間はどのくらいがいい？

Q　勤行の際、お題目はどのくらいの時間あげるのがいいのでしょうか。

A　題目は「何時間あげなくてはいけない」とか、「何遍唱えなくてはいけない」といった決まりは、一切ありません。

池田先生が「『ああ、すっきりした』と自分が満足するのが第一義です。その一日一日の積み重ねが、自然のうちに、一番いい方向へと人生を開いていくのです」と述べているように、心ゆくまで、真剣に唱えることが大事です。

数にとらわれたり、形式的になったりせず、あくまでも自分が納得できるように唱えればよいでしょう。

どのように祈ればよいか

Q　祈っていても、時には信心と関係のないことが頭に浮かんだりします。どのように祈ればいいでしょうか。

A　祈り方に、「こうしなければいけない」という型などはありません。またそうした〝雑念〟が湧くのも、人間として自然なことです。

戸田先生は、「唱題の折、いろいろな雑念が浮かぶのは人間としてあたりまえです。だが、真剣に唱えていけば、しだいに御本尊のことだけを考えるようになれます。真剣に念ずる力があれば、種々の生活の悩みが解決される」と語っています。

また、池田先生も「信心が強くなってくれば、自然のうちに一念が定まっていきます」と述べています。

御書にも「信心というものは特別なことではなく、子どもが母親から離れないようなものである」（1255ページ、趣意）とあります。ともかく、ありのままの自分で、自分らしく、自分が一番、願っていることを題目に託していくことが大切でしょう。

功徳を実感できないが祈りは叶うか

Q　勤行・唱題をしているのに功徳を実感できません。祈りは叶うのでしょうか。

A　勤行・唱題に励んでも、時に、なかなか目の前の悩みが解決しないことがあります。そのことで不安になり、〝本当に祈りは叶うのだろうか〟と疑問を抱くことが、あるかもしれません。

しかし、日蓮大聖人は「法華経の行者の祈りのかなはぬ事はあるべからず」（御書1352ページ）と断言されています。

また、池田先生は「長い目で見た場合に、祈った分だけ、全部、幸福の方向に行っているのです。目先の願いが叶う場合もあれば、叶わない場合もある。しかし、あとから振り返ると、その結果が『いちばんよかった』という形になっているものです」と語っています。

御本尊の功徳には、祈りが直ちに現実の形となって現れる場合もあれば、目には見えないけれど、福運を積み、やがて大きな利益となって顕現される場合もあります。

たとえ今は目に見えるような功徳はなくとも、たゆまず祈り続けながら、自身の課題に挑戦していけば、知らず知らずのうちに幸福と勝利への軌道を進んでいることに気付くでしょう。

仏法は道理です。現実社会にあって、何の努力も、苦労もせず、安易に願いが叶うことはありません。

何があっても祈り続ける、その上で努力し続けるという姿勢が大切です。

東京・信濃町の「広宣流布大誓堂」には、日本中、世界中から同志が集い、連日、「広宣流布誓願勤行会」が行われています。

参加者は皆、創価学会常住の御本尊に、広宣流布への誓願の祈りを込め、厳粛に勤行・唱題をしています。

大聖人は「願くは我が弟子等・大願ををこせ」（御書1561ジペー）と仰せです。

そして池田先生は、「日蓮仏法は『誓願の仏法』です。自分が自分の立場で、御本尊に『私は、これだけ広宣流布を進めます！　断じて勝利します！』と誓願することです。その『誓願の祈り』が出発点です」と述べています。

〝どんな祈りも必ず叶う！〟との確信を胸に、「自他共の幸福」の実現を目指し、弘教・拡大の対話に挑戦していきましょう。

勤行の時間が不規則になってしまう

Q　仕事の都合などで、朝晩の勤行が、不規則な時間になってもいいのでしょうか。

A　勤行は朝と夜に行うことが基本ですが、特別な決まりがあるわけではありません。ですから、夜勤などでどうしても翌朝の勤行がお昼過ぎになってしまうとか、逆に昼ごろに夜の勤行をしてから出勤するなど、勤行の時間が不規則になったとしてもやむを得ません。

勤務形態や、個々の事情に合わせて、もっとも自分の生活にとって価値的な時間を選んで行っても差し支えはないのです。

また、勤行の際には、近隣など周りの方への配慮も大切です。周囲の状況や時間帯を考えずに、大きな声で勤行するようなことは避けていきたいものです。良識ある行動こそ、大切であるといえます。

入院中や出張中も勤行したい

Q　入院中や出張中にも勤行をしたいのですが。

A　病室内で勤行を行う場合、同室の患者（かんじゃ）の方々の迷惑（めいわく）にならないよう配慮していくべきでしょう。消灯（しょうとう）時間や起床（きしょう）時間など病院の規則を守ったうえで、小さな声で行ってもよいですし、心のなかで祈ってもよいでしょう。病室が個室であるとか、周囲の患者の方や病院に了解（りょうかい）を得て、勤行を行える時は、お守り御本尊（ごほんぞん）に向かって勤行することも可能でしょう。

短期間の出張であれば、その間の勤行ができなくてもやむを得ません。ふだんの自宅における勤行をしっかり行っていれば、出張中の勤行について神経質になる必要はありません。お守り御本尊をいただいている方は、周囲の状況に合わせて、お守り御本尊に向かって勤行するのがよいでしょう。

長期の入院や出張、海外への単身赴任、留学などの場合、お守り御本尊の貸与・授与もありますので、組織の幹部に相談してみてください。

「諸天善神の加護」があると聞いたが

Q　信心をしていれば「諸天善神の加護」があると聞きましたが、それはどういうことですか。

A　「諸天善神」とは、法華経の行者を守護する善神のことです。法華経では、この諸天善神が法華経の行者を守護することを誓っています。

しかし、これらは何か具体的な姿をもった存在かといえば、そうではなく、正法を実践して、広布に励む人々を守る、自然や外界などの一切の働きのことです。友人や同志が助けになってくれる場合も、その一つといえます。

私たちが人生で経験するさまざまな出来事において、一歩、深い次元からプラスの方向へと作用していくのが、「諸天善神の働き」なのです。

御書には「信じる心が強くなることによって諸天善神の守りも強くなるのです」（１１８６ページ、趣意）と仰せのように、諸天の働きといっても私たちの信心の強弱によるのです。

日本の伝統的な宗教の多くは、それぞれの神や仏天等をあがめ奉り、願をかけて救ってもらう教えですが、日蓮仏法は違います。

法華経が説かれた会座（説法の場所）で、末法において法華経の行者を守護すると誓った諸天善神を、自らの強い信心によって揺り動かしていくのです。

池田先生は「自身の生命に『梵天、帝釈、日天、月天よ、入りたまえ!』『全学会員に、わが地域のすべての同志の方々の生命に、梵天、帝釈、日天、月天よ、入りたまえ!』——こう祈れば、千倍、万倍の力が出る。これが生命変革の『祈り』である。『信仰』である。人間革命への〝秘伝〟である」と語っています。

私たちの広布誓願の祈りと行動が真剣なほど、諸天善神も縦横無尽に活躍し、厳然と守護してくれるのです。

教学を学ぶのは難しそう

Q　教学が重要であることは分かるのですが、難しそうで、なかなか取り組めません。

A　教学を学ぶにあたっては、やさしく解説された手引きなどを活用し、その手引きに引用されている御文を御書と照らし合わせながら研鑽されてはいかがでしょうか。

そういった意味から、「聖教新聞」の教学のページでは、信仰の基本から、深い法門までを網羅して、わかりやすくまとめられており、初めて教学を学ぶ方に適しています。

「きょうの発心」も、日々の信心の指針となる御書の一節を取り上げ、通解とともに、その御文に即した体験が掲載されています。

月刊の「大白蓮華」でも、座談会、各種の研修などで学ぶ御書が掲載され、御書が書かれた時代の背景や内容の要点、通解、語句の解説、拝読の参考などがあり、御書に親しむことができるよう工夫されています。

御書の御文も大きい活字で、ふりがなも丁寧に付されていますので、大変に読みやすくなっています。

また、教学の研鑽の場として、座談会、御書講義もあります。

こうした場に参加し、分からない部分について質問したりしながら御書への理解を深めていくことも大切です。

なお、さらにくわしく深く知りたいという人は、『教学入門』や各種の教学著作も出版されていますので、参考にしてはいかがでしょうか。

任用試験の受験を勧められたがどうしたらいい

Q 「教学部任用試験」を受験するよう、勧められました。どうしたらいいのでしょうか。

A 任用試験は、あなたが成長できる絶好の機会です。〝試験は苦手だ〟〝今になって試験を受けるなんて、考えてもみなかった〟と思っている方もいらっしゃることでしょう。大切なことは、仏法を学ぼうという求道心です。それ自体が、幸福と平和への直道です。

任用試験は、生涯にわたる仏道修行の出発点です。いろいろ、分からないことがあってもいいのです。

戸田先生は、〝「信」は「理」を求め、「理」は「信」を深める〟と指導しました。信心に励んでいくと、「南無妙法蓮華経とは何か」「どうして題目を唱えるのか」という疑問が湧き、法理が知りたくなります。その時に御書を学べば、「なるほど、そういうことか」と納得が生まれ、信心がさらに深まるのです。

そして、仏法の英知を学んだ自分自身の生き方を、自信をもって語れるようになります。池田先生は、「御書は『信心の背骨』であり、ゆえに確固不動の『人格の背骨』となる」とつづっています。

普段の生活や学会活動で触れてきた御書の一節や仏法の法理を、任用試験という機会にあらためて学び直すなかで、全体像がつかめ、自身の〝信心の骨格〟をつくることができるのです。

「行学の二道をはげみ候べし、行学たへなば仏法はあるべからず、我もいたし人をも教化候へ、行学は信心よりをこるべく候」（御書1361ページ）と、日蓮大聖人が仰せのように、「行学二道」の実践に励む中で、勝利の人生を開いていきましょう。

海外ではどのように仏法を学んでいるか

Q　世界192カ国・地域に、日蓮大聖人の仏法を実践するメンバーがいると聞いています。海外では、どのようにして御書を学んでいるのですか。

A　世界各国のSGIのメンバーは、諸言語に翻訳された御書の研鑽を通して、大聖人の偉大な仏法を学んでいます。

現在、『英訳御書』のほか、スペイン語版、フランス語版も発刊されています。さらに、中国語版をはじめ、韓国語版、ポルトガル語版、イタリア語版などの御書（抄録も含む）が各国で出版されています。

大聖人の御書が、このように多くの言語にわたって翻訳されたのは、仏法史上の壮挙です。

まさに、日興上人の「大聖人の御書も、広宣流布の時には、仮名交じり文を外国語に翻訳して、広く世界に伝えるべきである」（御書1613ページ、趣意）との御遺命を実践しているのが創価学会なのです。

日顕宗とはどういう存在？

Q 会合で「日顕宗」という言葉を聞きましたが、どういう存在ですか。

A　日顕宗とは、法主（管長）に絶対的な権威・権力があるとし、日蓮正宗第67世の法主を名乗る阿部日顕が支配してきた、日蓮正宗宗門のことです。宗門は、日蓮大聖人直結の信心で仏法を世界中に広めた創価学会を切り捨て、破壊しようとしたのです。

学会は創立以来、正すべきことは正しながら、宗門を支えてきました。戦後、宗門が経済的に疲弊していたときから、350以上もの寺院を建立・寄進するなど、赤誠の真心を尽くしてきました。

しかし封建的な古い体質を持った宗門は、世界宗教へと飛躍する創価学会と、各界から賞讃される池田先生をねたみ、1990年（平成2年）、学会を破壊して会員を宗門に隷属させようと、「創価学会分離作戦」（C作戦）という陰謀を企て、実行しました。

そして91年（同3年）11月、話し合いによる解決を拒否し、一方的に学会を「破門」したのです。

その背景には、「法主は、無条件に大聖人と等しい特別な存在だ」という法主信仰、「僧が上で、信徒は下」という僧俗差別の考え方がありました。いずれも、大聖人の本来の教えからはかけ離れた邪義です。

また、宗門の僧たちは広宣流布を真剣に考えることはなく、学会員から得た供養で派手な生活を送るなど、腐敗・堕落した生活を送っていました。

この「破門」によって、学会は宗門の黒い鉄鎖を断ち切り、いわば「魂の独立」を果たしました。以来、年を重ねるごとに世界のメンバーは増加を続け、今やSGIの連帯は世界192カ国・地域にまで広がりました。これに対して、宗門は衰退の一途をたどっており、信者数は学会を破門する前のわずか2%にまで激減しています。

現実の姿の上からも、また、仏法の上からも、その正邪はあまりにも明らかです。大聖人の御遺命である広宣流布を実践する学会にこそ、日蓮仏法の本義は受け継がれているのです。

友人葬で香典は必要ないの？

Q　友人葬に参列する際、香典は必要ないと先輩から聞きましたが。

A　一般的な習慣としては、弔意を表すものとして葬儀に香典等を持参します。しかし、今日では一般社会でも、儀礼的な香典は一切辞退している場合が、多々あります。
仏法の本義に照らせば、故人への最高の回向は、真心からの題目を送ることにあります。友人として通夜や葬儀に参列し、真心からの題目を唱えることが何よりの供養なのです。

したがって友人葬では、学会員間の香典は必要ありません。

親戚であるとか、特別に親しい関係があるとか、個人的な関係のある方が、どうしてもという気持ちで香典を持参するのは、もちろん自由です。

また、儀典部の方などに葬儀の導師をお願いした場合も、謝礼などは一切、必要ありません。これは創価学会としての原則になっています。

戒名の意義は？

Q 「戒名」の意義を教えてください。

A もともと「戒名」とは、仏門に帰依した者が、「戒法」をうけ、仏道に精進することを誓うのを機会に、与えられる「出家名」を指しています。

本来は、俗名を捨てることによって、世俗での家柄や身分や地位を離れて出家したことを明らかにし、「出家名」を名乗って仏道に専念することを示し、僧侶としての堕落を防ぐためのものといえます。

これは中国の慣習に基づいて中国で生まれたものです。仏教発祥の地・インドには戒名はありませんでした。仏教の伝来とともに、中国にならって日本にも定着したようです。

今日のような、いわゆる死後に戒名をつける「死後戒名」が一般的になったのは、日蓮大聖人や日興上人の時代ではなく、後の室町時代になってからのようです。

大聖人は、在家信徒に法名は与えられていますが、死後戒名をつけられた記録は残っていません。

御書にも一言も触れられておらず、死後戒名は不要なのです。

しかし、日蓮正宗では「戒名が成仏に不可欠」などと信徒を脅したり、供養の金額によって戒名に差をつけたりするなど、戒名を金儲けの手段としか考えない坊主の実態が明らかになっています。

御書に仰せのように、あくまで成仏・不成仏を決めるのは、故人の生前の信心であり、家族、同志の方々の題目が真の追善回向となるのです。

位牌はどう扱うの？

Q　「位牌」は、どのように扱ったらいいのでしょうか。

A　位牌は、「故人の成仏のために必要不可欠なもの」ではありませんし、ましてや拝む対象でもありません。

もちろん、先祖への追善回向は大切なことです。私たちは、朝晩の勤行などで、御本尊に真剣に唱題し、回向しています。

しかし、位牌を置いて先祖の霊を信仰の対象として拝むのは、日蓮大聖人の仏法ではありません。したがって、信心修行のうえでは必要ないのですが、こうした本義を正しく理解していれば、例えば先祖代々の位牌がある場合など、どのように扱うかは各人の自由です。

なお友人葬でも、故人の名前をしたためた白木の牌を用いることがありますが、納骨または埋葬後は、しかるべく処分するのが通例のようです。

もともと位牌の起源は、儒教で祖先をまつる際に用いた、官位や氏名を記したもので、中国から日本にもたらされ、江戸時代に一般に普及したといわれています。そして、位牌に亡くなった人の〝霊魂が宿る〟といった考えから、位牌が信仰の対象になってきたようです。

しかし、日蓮大聖人の仏法には、そうした考えはありません。

他宗の法事に参列するが？

Q　他宗で行う親戚の法事に参列しますが、謗法にならないかと悩んでいます。

A　葬儀は故人をしのび、遺族の悲しみを分かち合うための儀式であり、私たちは、決して他宗の本尊を信じ、拝みに行くわけではありません。あくまでも題目を唱え、真心から故人の追善回向をしていけばよいのです。

また、時には、仕事や学校行事などで神社・仏閣を訪れる機会があるかもしれませんが、そのこと自体には、何ら問題はありません。

「謗法」とは「正法を誹謗すること」です。

かつては、謗法厳誡について、「鳥居をくぐってはいけない」「地域の祭りに参加してはいけない」など、社会通念と隔たりのある考え方もありました。

しかし、御書に「謗法と申すは違背の義なり」（4ページ）とあるように、本来、謗法の本質は〝正法に背くこと〟であり、御本尊への揺るぎない確信があれば、先述のような行為は謗法に当たりません。「心こそ大切」（御書1192ページ）なのです。

先祖の墓について

Q 「先祖の墓を守らなければならないため、入会できない」と言う友人に対し、どのように語ればよいでしょうか。

A 先祖を敬う心は日本人の美徳の一つであり、〝家の墓を守る〟ことは、誰人であれ尊重されるべき権利です。また、学会に入会したからといって、従来の墓地使用権が失われることはありません。

学会による弘教が飛躍的に進んだ1950年代後半から、他宗派が所有する墓地の使用権をめぐる問題が各地で発生しました。先祖代々、使用してきた他宗派の墓地に、学会員が故人の遺骨を埋葬しようとすると、学会への改宗を理由に寺院側が墓地の使用を拒否する事例が、相次いだのです。

池田先生は小説『新・人間革命』「厚田」の章で、次のようにつづっています。

「たとえ改宗しようとも、墓地を使用する権利が、奪われることなどあってはならない。伸一は、会員を励ます一方、率先して寺側と交渉にあたり、誤りを正していった」

話し合いで解決せず、法的手段をとったこともありましたが、裁判でも、埋葬が可能という判決が出ています。

仏法には、自らが仏道修行によって積んだ善根を他者に回らし向ける「回向」という法理があります。

日蓮大聖人は「自身仏にならずしては父母をだにもすくいがたし」（御書1429ジペー）と仰せになっています。自分自身が勤行・唱題に励み、自他共の幸福へと行動を起こすことで善根を積む。そのことが先祖への追善となるのです。

学会では、故人の遺徳をしのび、心から追善の題目を送る場として、「諸精霊追善勤行法要」「秋季（春季）彼岸勤行法要」などを全国の主要会館等で行っています。

さらに、私たち学会員は朝晩の勤行で「先祖代々ならびに亡くなられた会員・友人の追善供養のために」と、日々、御本尊へ祈りをささげています。これは、先祖のみならず、自分に縁した同志や、故人となったあらゆる友人に対しても追善供養するものです。

あなたが今、対話中の友人が、自らこの信心で境涯を開き、幸せになっていくことこそが、先祖への真の追善供養になることを、真心込めて語っていきましょう。

ペットの回向は？

Q　ペットとして飼っていた愛犬が死にました。御本尊に、愛犬の回向をしてもいいのでしょうか。

A　ペットを家族の一員として受け入れることは、現代では常識的なことです。もちろん、自身の祈りで、愛犬への回向をするのは構いません。
一切衆生の救済を説く仏法では、広い意味では、動物も衆生に含まれます。人間だけではなく、生きとし生けるものに尊厳を認め見いだしていくのが、仏法の慈悲と智慧です。衆生（有情）には含まれない「非情」の草木、山河、大地などにも仏性を認めています。

祭りの役員をしてもよいか

Q 入会前から町会役員として、神社の御輿も出る春祭りの運営に携わってきました。今年も、春祭りの役員を務めなくてはならないのですが、謗法にならないでしょうか。

A 町会や自治会の役員として、仮に宗教的色彩のある祭りなどの行事に参加したりしても、自身がその宗教の本尊等を拝むのでなければ、謗法にはなりません。

祭りへの参加といっても、立場や目的がどうかということが大事になってくるのです。祭りの役員として、地域の発展のために尽力するのであれば、町会の行事を支えることであり、気に病んだり、神経質になって自分を責めたりする必要は全くありません。

日蓮大聖人の仏法には「随方毘尼」といって、〝仏法の本義にたがわない限り、その地域の風習に従うべきである〟という考え方があります。

大聖人の仏法は、どこまでも「人間のための宗教」です。

堅苦しい考え方に縛られ、自分を責めたり、周囲の人たちと対立したりする必要はありません。地域の伝統を大切にしながら、多くの人たちと絆を強めていきましょう。

大事なことは、どこまでも信心根本に、「広宣流布のため」の行動に徹することです。

〝縁するすべての人の仏性を引き出していこう〟との決意で、友好対話に励み、地域広布の活動に、さらに取り組んでいきましょう。

4. 創価学会を知るために

■創価学会が目指すもの

創価学会は、釈尊に始まり、インドの竜樹・天親（世親）、中国の天台大師（智顗）・妙楽大師（湛然）、日本の伝教大師（最澄）、そして日蓮大聖人へと発展的に継承された仏教を信奉する教団です。

釈尊を淵源とする仏教の生命尊厳・万人尊敬という人間主義の系譜に連なっています。

また、創価学会は、大乗経典の中でも法華経に依拠し、その正統な法華経の行者である末法の御本仏・日蓮大聖人が身をもって示された、法華経の根本精神に則った信仰実践と活動を現代に展開しています。

「創価」とは、「価値創造」の意味です。人々が願ってやまない、「生命の尊厳」の哲理に立脚した、人類の幸福と世界平和の実現という究極の価値を創造しゆくことが、創価学会の根本目的です。

すなわち、仏法の人間主義の実践を通して一人一人が人間革命を成就し、真の幸福境涯を確立するとともに、生命の尊厳を説く仏法哲理を基調として、豊かな文化、人間性あふれる教育の創造を推進し、人類社会の向上に貢献することを目的としているのです。

■日蓮大聖人は末法の御本仏

古代インドに王子として生まれた釈尊は、生老病死という人間にとって根本的な苦悩から、どうすれば人々を救えるのか、その解決法を探究しました。そして、自分自身の胸中に具わり、宇宙と生命を貫く根源の法に目覚めました。この「法」とは、日蓮大聖人の仏法から表現すると「妙法」にほかなりません。

悟りを開いてから生涯を終えるまで、釈尊は各地を旅し、50年にわたってさまざまな教えを説きました。

仏教の創始者である釈尊の教えは、死後、弟子たちによって、さまざまな経典としてまとめられていきました。その中で慈悲と智慧を根幹とする教えが大乗経典として編纂されていきます。その大乗経典の精髄が、「万人の成仏」を説き明かした「法華経」です。

「経の王」とたたえられる法華経には、〝一切衆生を自分と同じ境涯に高めたい〟という釈尊自身の長遠な過去からの願いが、法華経を説くことで満たされたと説かれています。さらに法華経は、釈尊の無数の弟子たちに対して、その永遠の願いを受け継ぎ実現していく慈悲の行動を繰り返し呼びかけています。

インドでは、竜樹や天親らが大乗仏教の思想を発展させました。やがて法華経は鳩摩羅什らによって漢語に翻訳され、中国では天台大師によって最上の経典と位置付けられました。また、日本においても伝教大師が日本天台宗を立てて、法華経を宣揚しました。

13世紀、鎌倉時代に生まれた日蓮大聖人は、相次ぐ天変地異や疫病の流行など混迷する当時の社会にあって、民衆の苦悩をわが苦悩とされ、その解決の道を探究されました。当時の日本は、1052年(永承7年)から、釈尊の仏法が救済能力を失う末法という時代に入ったと伝えられ、人々の間に不安が広がり、社会の混迷が増していました。そうしたなか、大聖人は、人間の真の幸福と尊厳を実現する仏法の継承を誓い、諸経典を探索されたのです。

そして、万人の無限の可能性の開花と社会への展開を説く「法華経」に、解答を見いだされました。さらに、人間の真の幸福と尊厳を確立し、社会の安穏を実現することを固く決意されます。

正しい仏教に対する無理解と、旧来の思想への誤った固執に基づく強烈な反発や権力者からの厳しい弾圧に屈することなく、民衆を励まし、蘇生させていく実践を、法華経の教えの通り、命懸けで貫かれたのです。

日蓮大聖人は、身命を賭した妙法弘通の大闘争のなかで、生命に具わる尊極無上の仏界の生命をわが身に顕現されました。万人に等しく具わるこの仏界の生命を、大聖人は「南無妙法蓮華経」であると明らかにされ、唱題行を確立するとともに、信仰の対象である御本尊を図顕されました。法華経の肝要の教えを取り出して確立し、万人成仏への方途を具体的に示し開かれたのです。

御本尊を信じ、題目を唱えることで、私たちは仏界の生命を涌現し、幸福境涯を確立していくことができます。それゆえ、私たちは、日蓮大聖人を末法の御本仏として尊崇するのです。

大聖人は御書（論文や手紙などの著作）の中で、繰り返し、この南無妙法蓮華経の大法を全世界に流布していくこと（広宣流布）を御遺命されています。それを歴史上、初めて現実のものとしたのが創価学会です。

創価学会は、大聖人の御精神のままに、その御遺命である世界広宣流布を唯一実現しゆく正統の教団なのです。

■初代、第二代、第三代の会長が永遠の師匠

創価学会の創立は、１９３０年（昭和5年）11月18日にさかのぼります。

この日は、独創的な教育者で、小学校の校長を務めていた牧口常三郎先生（初代会長）の教育学説をまとめた『創価教育学体系』の第1巻が発刊された日です。

同書の奥付にある発行所の欄には「創価教育学会」（創価学会の前身）の名称が記されています。これが創価教育学会の名が世に出た最初でした。そこで、同書が発行された11月18日をもって、創価学会の創立記念日としています。

『創価教育学体系』の発刊を全面的に支えたのが、牧口先生の弟子の戸田城聖先生（第二代会長）でした。「創価」という言葉も、師弟の語らいの中で生まれたものです。

①牧口常三郎初代会長の時代

牧口先生は1871年（明治4年）6月6日、柏崎県刈羽郡荒浜村（新潟県柏崎市荒浜）に生まれました。

13歳の頃、北海道に渡り、苦学の後、北海道尋常師範学校（後の北海道教育大学）を卒業。同校付属小学校の教員等を務めました。

やがて、上京し、1903年（同36年）、32歳で名著『人生地理学』を出版しています。その後、東京の白金尋常小学校など6校の校長を歴任。28年（昭和3年）、57歳の時、日蓮大聖人の仏法に帰依し、戸田先生とともに創価教育学会を創立しました。

牧口先生は、仏法が生活法であり価値創造の源泉であることを覚知し、仏法の実践による生活革新運動を展開しながら、大聖人が目指した民衆救済と平和創出のために尽くしました。

第２次世界大戦中には、国家神道をもって宗教・思想を統制しようとした軍部政府の圧迫に屈することなく、弘教の活動を続けます。特別高等警察の監視下にあっても、各地で座談会を開催しています。

４３年（同18年）７月６日、牧口先生は地方折伏で訪れていた伊豆・下田で、治安維持法違反、不敬罪の容疑で出頭を求められ、逮捕されました。

獄中では厳しい取り調べが続きましたが、いささかも信念を揺るがすことなく、取り調べに当たった検事や判事にも、大聖人の仏法を語りました。権力の弾圧に負けることなく、仏法の正義を貫き通したのです。

４４年（同19年）の11月18日、牧口先生は栄養失調と老衰のため、東京拘置所内で逝去しました。奇しくも学会の創立記念日と同じ日に、73歳で殉教されたのです。

②戸田城聖第二代会長の時代

牧口先生が命をかけて貫いた精神と万人の幸福を願う行動は、弟子の戸田先生へと受け継がれました。

戸田先生は、1900年(明治33年)2月11日、石川県に生まれ、まもなく移住した北海道厚田村(石狩市厚田区)で育ちました。猛勉強の末、教員となり、20歳で上京。当時、小学校の校長として活躍していた牧口先生に師事しました。

28年(昭和3年)に牧口先生とともに日蓮大聖人の仏法に帰依し、創価教育学会の創立後は、理事長として師を支えました。教育改革、宗教改革に尽力しましたが、43年(同18年)、牧口先生とともに逮捕・投獄されます。

44年(同19年)初頭から、獄中で真剣に唱題に励むとともに、法華経を読み、思索を続けていきました。そのなかで、「仏とは生命である」との悟達を得ました。さらに唱題と思索を重ねていった時、自身がまさに、法華経に説かれる虚空会の儀式で、釈尊の滅後に法華経を広宣流布していく使命を託された地涌の菩薩にほかならないことを悟り、「我、地涌の菩薩なり」との確信を得ました。同年11月のことです。

戸田先生は、この「獄中の悟達」により、日蓮大聖人の仏法への確信を不動のものとするとともに、広宣流布を自らの使命として自覚しました。

45年（同20年）7月3日に出獄。弾圧によって壊滅状態にあった創価教育学会の再建に着手します。会の名称を「創価学会」と改め、教育界に限らず、全民衆救済への運動を開始しました。

51年（同26年）5月3日、戸田先生は多くの会員の推戴を受けて、第二代会長に就任しました。あいさつで、自身の誓願として、生涯のうちに75万世帯の折伏を達成することを宣言しました。

そして、戸田先生を支える若き日の池田先生の師子奮迅の実践によって、学会は本格的な広宣流布への前進を開始し、目覚ましい勢いで折伏・弘教が進められていくのです。

57年（昭和32年）9月8日、戸田先生は「原水爆禁止宣言」を発表します。

「われわれ世界の民衆は、生存の権利をもっております。その権利をおびやかすものは、これ魔ものであり、サタンであり、怪物であります」――この宣言は、核兵器を人類の生存権を奪う「魔」の産物ととらえ、核兵器の使用を〝絶対悪〟とする思想です。国家や民族の利益といった次元ではなく、普遍的な人間の生存の権利という根源の次元から、核兵器の保有とその使用を断罪するものでした。

この宣言は、創価学会による文化・平和運動の理念的基盤となっています。

同年12月、生涯の願業であった75万世帯の弘教を達成。翌58年（同33年）3月16日には、池田先生をはじめとする青年たちに、広宣流布の後事の一切を託す〝広布後継の儀式〟が行われました。そして、すべての行事を見届けた戸田先生は、同年4月2日、安祥として58歳で逝去しました。

幾多の難を乗り越えて多くの人に幸福の法を説き、日本における広宣流布の盤石な基盤を確立した死身弘法の崇高な生涯でした。

③池田大作第三代会長の時代

第三代会長である池田大作先生は、1928年（昭和3年）1月2日に現在の東京都大田区で生まれました。敗戦によってそれまでの価値観が崩壊し、確固たる「人生の哲学」と「師」を求めていた若き日の池田先生は、47年（同22年）の8月14日、戸田先生と運命的な出会いを果たします。

戸田先生の人格に感動した池田先生は、その10日後の24日、創価学会に入会しました。

その後、４９年（昭和24年）１月に戸田先生が経営する出版社・日本正学館に入社。戸田先生とともに、日本経済の混乱を受けた事業の苦境を乗り越え、５１年（同26年）５月３日の戸田先生の第二代会長就任以降は、蒲田支部の支部幹事、男子第一部隊長、文京支部長代理として、広布の先頭に立ち、５４年３月には青年部の室長に就任。学会全体の活動の企画・推進を担っていきます。

５６年（同31年）には、関西で師子奮迅の指揮を執り、５月には大阪支部が１万１１１１世帯の弘教の金字塔を達成。

また、その勢いのままに、７月の参議院議員選挙の大阪地方区（当時）でも、学会が推薦した候補者が「〝まさか〟が実現」と報道される勝利を収めたのです。

５７年（同32年）６月に、北海道の夕張で起きた炭労（日本炭鉱労働組合）による学会員への不当な圧迫（炭労事件）、７月３日に、無実の罪で大阪府警によって逮捕（大阪事件）されるなどの迫害を越えて、学会員を守るために果敢に戦いました。

そして１９６０年（同35年）５月３日、32歳で第三代会長に就任します。

同年10月２日、世界広布の第一歩となる南北アメリカへの平和旅に出発。いよいよ日蓮大聖人の御遺命であり、恩師の遺言であった「世界広宣流布」という世界平和への行動を開始します。

６８年（同43年）９月８日には、学生部総会で、歴史的な「日中国交正常化提言」を発表。７０年（同45年）には、学会が７５０万世帯へと発展します。

７５年（同50年）１月26日、世界51カ国・地域の学会員の代表がグアム島に集まり、第１回世界平和会議が開催。その席上、ＳＧＩが結成され、池田先生はＳＧＩ会長に就任。世界広布推進への基盤が整いました。後に、この１月26日は「ＳＧＩの日」に制定されています。

７９年（同54年）４月、池田先生は第三代会長を辞任して名誉会長となり、ＳＧＩ会長として世界広布へ力を注いでいきます。

池田先生の不惜身命の大闘争によって、人類の歴史上初めて、広宣流布の使命に目覚めた世界の民衆の大連帯が誕生しました。今や、世界192カ国・地域で、日蓮大聖人の仏法を実践するSGIメンバーが活躍する時代を迎えているのです。

牧口先生、戸田先生、池田先生の「三代会長」に貫かれた「師弟不二」の精神と広宣流布への「死身弘法」の実践こそ「学会精神」であり、創価学会の不変の規範なのです。

ゆえに、学会は、「三代会長」を「広宣流布の永遠の師匠」と仰ぎ、一人一人が「学会精神」を体現し、日蓮大聖人の御遺命である世界広宣流布に邁進しているのです。

■人間革命と世界平和

創価の思想は「人間革命」という言葉に、凝縮されています。

池田先生の代表的な著作である、小説『人間革命』『新・人間革命』の主題には、「一人の人間における偉大な人間革命は、やがて一国の宿命の転換をも成し遂げ、さらに全人類の宿命の転換をも可能にする」とあります。

人間革命とは、現在の自分自身とかけ離れた存在になることでもなければ、画一的な人格を目指すことでもありません。

万人の生命に等しく内在する智慧と慈悲と勇気に満ちた仏の生命を最大に発揮することで、あらゆる困難や苦悩を成長への糧とし、乗り越えていく生き方です。戸田先生が理念として示し、池田先生が信仰の指標として展開したこの哲学を胸に、学会員は日々、自らの人間革命へ、仏法の実践に励んでいます。

池田先生は、学会の理念を「人間主義」「平和主義」「文化主義」「教育主義」であると語っています。

その土台となるのは、会員一人一人の人間革命です。そして、そのうえに、平和・文化・教育等々を開花させ、あらゆる次元にわたって人類の繁栄に貢献するために、これまで池田先生は、多彩な機関・団体を創立してきました。

平和の分野では、1962年（昭和37年）に「東洋哲学研究所」を設立したのをはじめ、93年（平成5年）に「池田国際対話センター」、96年（同8年）に、「戸田記念国際平和研究所」を創設。これらの機関は、生命尊厳と恒久平和の創造に向けて、研究、諸活動を展開しています。

文化活動の分野では、63年（昭和38年）に「民主音楽協会」（民音）が誕生。世界105カ国・地域（2016年時点）と交流を重ねるとともに、ミラノ・スカラ座の日本公演をはじめ、７万８０００回もの演奏会など多彩な活動を展開してきました。

さらに８３年（昭和58年）には、東京・八王子市に「東京富士美術館」が誕生し、これまで24カ国・地域と交流し、国内外で３６０回を超える展覧会を開催してきました。

また池田先生は、「教育は、私の最後の事業である」との信念で、牧口先生が唱えた「子どもの幸福」を第一義とする創価教育学の根本精神を具体化する教育機関を設立しています。

６８年（同43年）には創価学園（東京・小平市）が開校（現在は東京と関西に小・中・高校があります）。７１年（同46年）に創価大学（東京・八王子市）、８５年（同60年）に創価女子短期大学（八王子市）、２００１年（平成13年）５月には、アメリカ創価大学のオレンジ郡（カリフォルニア州）キャンパスが開学しました。

札幌、香港、シンガポール、マレーシア、韓国の創価幼稚園、ブラジル創価学園も含め、創価教育のネットワークは世界に広がっています。

また、池田先生は文化や宗教、イデオロギーの差異を超えて、世界の指導者や識者と対話を重ね、多くの対談集を発刊するなど、自らの行動で平和への潮流を高めてきました。その対話・対談は、主なものでも、１６００回を超えます。

世界第一級の大学・学術機関で講演も行っています。７４年（昭和49年）のカリフォルニア大学ロサンゼルス校から始まり、フランス学士院やハーバード大学、モスクワ大学、北京大学、ボローニャ大学など、その回数は32回にのぼり、各地の教育者や青年たちに深い示唆と感銘を与えてきました。

さらに池田先生は８３年（同58年）以来、毎年、1月26日に「ＳＧＩの日」記念提言を発表し、東西冷戦下にあって、米ソ首脳会談を呼びかけたのをはじめ、普遍的価値としての「人権」の確立、国連における環境安全保障理事会の設置などを提唱。その先見性が世界から注目されてきました。

こうした「人類のため」「平和のため」の思想と行動に対して、世界から数多く顕彰(けんしょう)が贈られています。

国連平和賞をはじめとする国連からの顕彰や、「イタリア共和国功労勲章(こうろうくんしょう)グランデ・ウッフィチャーレ章」、「ペルー太陽大十字勲章」など23カ国から国家勲章を受章。世界の各都市からの「名誉市民」等の称号(しょうごう)は750を優(ゆう)に超え、世界の大学・学術機関から池田先生に贈られた名誉博士・名誉教授などの称号は360以上にも及(およ)びます。

これらの顕彰はまた、世界に広がるSGIの平和・文化・教育運動への信頼(しんらい)と賞讃(しょうさん)の証(あかし)でもあるのです。

■ＳＧＩ（創価学会インタナショナル）について

前述の通り、創価学会の国際的機構であるＳＧＩは、１９７５年（昭和50年）１月26日、グアムで行われた世界平和会議の席上、結成され、池田先生が初代のＳＧＩ会長に就任しました。

結成以来、各地のメンバーは、「良き市民」「良き国民」として、地域社会に貢献することを目指し、平和・文化・教育をはじめとする多彩な運動を繰り広げてきました。

１９９５年（平成７年）11月に開催された本部幹部会の席上、ＳＧＩの平和・文化・教育運動の理念と目的を明確にするため、「ＳＧＩ憲章」が発表されました。

「前文」では、日蓮大聖人の仏法が「平和で豊かな共生の人類社会を実現できることを説く、『人間主義』の法である」とし、「ＳＧＩは、この『人間主義』に基づく『世界市民の理念』『寛容の精神』『人権の尊重』を高く掲げ、非暴力と対話により」「人類社会に貢献することを深く決意」すると宣言しています。また「目的及び原則」には、「全人類の平和・文化・教育に貢献する」「いかなる人間も差別することなく基本的人権を守る」「『信教の自由』を尊重し、これを守り抜く」等、10項目が掲げられています。

世界１９２カ国・地域のＳＧＩメンバーは、この憲章にのっとり、良き市民として、それぞれの国・地域の発展に力を尽くしているのです。

１９８３年には、ＳＧＩは国連経済社会理事会のＮＧＯに登録されました。

ＳＧＩのメンバーは、各国・各地域にあって、平和、人権、持続可能な開発などの分野で意識啓発の運動や人道支援活動を活発に展開。「核兵器なき世界への連帯」展や、環境展示「希望の種子――持続可能性のビジョンと変革へのステップ」などを開催し、社会に信頼と共感の輪を広げています。ＳＧＩは今、地球社会に希望を送る、壮大な「良き市民」のネットワークとなって輝いています。

■総本部の広宣流布大誓堂

2013年11月、創価学会総本部がある東京・信濃町に、「広宣流布大誓堂」が落成しました。広宣流布大誓堂は、日蓮大聖人の御遺命である世界広宣流布の大願成就を誓願する信仰の中心道場として、「大法弘通慈折広宣流布大願成就」の創価学会常住御本尊が御安置されています。

また、1300人が収容できる大礼拝室の須弥壇（本尊を安置する場所）基底部には、全国47都道府県と世界五大陸の192カ国・地域の石が埋納されています。1階の広宣ホールには「広宣流布　誓願の碑」が設置されているほか、館内には三代会長記念会議場やSGI友好会議室などの会議室を備えています。

池田先生は、広宣流布大誓堂の落慶記念勤行会に際してのメッセージの中で、次のように述べています。

「この大殿堂は、『生死一大事血脈抄』の御聖訓の通り、ありとあらゆる差異を超えて、妙法の世界市民が集い合い、『自他彼此の心なく水魚の思を成して異体同心にして南無妙法蓮華経と唱え』（御書1337ページ）、民衆の幸福と安穏、社会の繁栄、世界の平和、人類の宿命転換へ、共々に励まし、誓願へ勇猛精進していく究極の人間共和の宝塔なのであります」

広宣流布大誓堂では、日々、「広宣流布誓願勤行会」が開催されています。世界から国籍や老若男女を問わず学会員が集い、永遠の師匠である「三代会長」と心を合わせ、民衆の幸福と繁栄、世界平和、自身の人間革命を祈り、共に世界広宣流布を誓願しているのです。

創価学会を知るために

※創価学会 公式サイト

SOKA net　http://www.sokanet.jp/

※聖教新聞社 公式サイト

SEIKYO Online　http://www.seikyoonline.com/

※参考図書（聖教新聞社刊）

創価学会の歴史と精神

『人間革命』

『新・人間革命』

仏法を学ぶ

『日蓮大聖人御書全集』

『教学入門』

人生の指針

『池田ＳＧＩ会長指導選集　幸福と平和を創る智慧』

『青春対話』『希望対話』『未来対話』（高校・中学生向き）

『希望の大空へ』（小学生向き）

―――――＊―――――

新会員の友のために――創価学会入門

二〇一六年八月二十四日　発行

編　者　聖教新聞社編集局
発行者　松岡　資
発行所　聖教新聞社
〒一六〇―八〇七〇　東京都新宿区信濃町一八
電話　〇三―三三五三―六一一一（大代表）
印刷所　明和印刷株式会社
製本所　大口製本印刷株式会社
＊
落丁・乱丁本はお取り替えいたします

定価は表紙に表示してあります
ISBN978-4-412-01610-1